教育部人文社会科学研究项目“思政课‘一线二红三实’立体教学模式研究”(17JDSZK119)
湖北省高校教学改革研究项目“思想政治教育专业红色文化实践教学研究”(2016152)
湖北省重点马克思主义学院建设招标项目“思想政治教育品牌专业建设”(19ZDMY11)

思想政治教育实践教学教程

SIXIANG ZHENGZHI JIAOYU SHIJIAN JIAOXUE JIAOCHENG

主　编　朱桂莲　何　英　严世雄
副主编　高翔莲　王晓磊　张存国
　　　　常荆莎　李敏伦　文　辉

中国地质大学出版社
ZHONGGUO DIZHI DAXUE CHUBANSHE

思想政治教育实践教学教程

编 委 会

前　言

2018年9月10日，习近平总书记在全国教育大会上发表重要讲话，站在国家繁荣、民族振兴的战略高度，深刻总结党的十八大以来我国教育事业发展成就，做出重大部署，为做好新时代教育工作提供了根本遵循。习近平总书记强调，培养什么人，是教育的首要问题。他指出“要在坚定理想信念上下功夫”“要在厚植爱国主义情怀上下功夫”“要在加强品德修养上下功夫”“要在增长知识见识上下功夫”“要在培养奋斗精神上下功夫”“要在增强综合素质上下功夫”，把学生培养成为德智体美劳全面发展的社会主义建设者和接班人。这不仅需要各高校制定明确的人才培养目标，更需要在人才培养过程中充分利用各种教学资源，特别是实习、实践、实训基地等，以及资源的合理配备和有效使用等，以保证实现既定的人才培养目标。

思想政治教育是培养学生理想信念、爱国情怀、品德修养和奋斗精神等政治、品德素养的主要途径。党和国家不仅历来重视思想政治教育，而且非常重视思想政治教育的实践教学。比如，教育部制定发布了《高等学校思想政治理论课建设标准》(2015)，强调要“将实践教学纳入教学计划，落实学分(本科2学分，专科1学分)、教学内容、指导教师、专项经费，建立相对稳定的实践教学基地，实践教学覆盖大多数学生。”中共中央、国务院颁布实施的《关于加强和改进新形势下高校思想政治工作的意见》(2017)中，也强调“要强化社会实践育人，提高实践教学比重，组织师生参加社会实践活动，完善科教融合、校企联合等协同育人模式，加强实践教学基地建设，建立健全国家机关、企事业单位、社会团体接收大学生实习实训制度，开设创新创业教育专门课程。”教育部制定发布的《马克思主义理论类教学质量国家标准》规定：马克思主义理论类本科专业实践教学课程包括社会实践、专业实习和毕业论文，且学分不低于总学分的15%。

革命文化是中国共产党团结和领导中国人民在近代波澜壮阔的新民主主义革命的伟大实践中创造的具有“红”的底色的历史文化遗存，是马克思主义中国化进程中凝结的思想资源、制度资源、精神资源和文化艺术资源的综合，是人、事、物、魂的统一体，革命先烈们用生命和鲜血晕染了其“红”的底色。革命文化继承了中华优秀传统文化的基因，是社会主义先进文化的源头，是中国特色社会主义文化的组成部分，也是构筑中国精神、中国价值、中国力量的宝贵思想来源。革命文化资源内涵丰富、形式多样、分布广泛，承载的信息具有超越时空的感染力和震撼力，在培养学生的理想信念、爱国情怀、品德修养和奋斗精神方面具有特殊的价值和功能。习近平总书记在调研和视察中也多次强调，要“把红色资源利用好、把红色基因传承好、把红色精神发扬好”；要深入进行革命传统教育，把红色基因一代代传下去，让革命事业薪火相传、血脉永续。

湖北省红安县是黄麻起义和鄂豫皖苏区革命的发源地，从这里走出了 3 支红军主力部队和 200 多个共和国将军，有着 20 多年红旗不倒的历史，红色文化教学资源非常丰富。红安县档案馆存有大量珍贵的档案材料，许多历史纪念馆经过国家及地方各级的投入建设，已经形成了科学运用多样新颖的声、光、电、幻影成像、场景复原、半景画、大型沙盘模型、置景等艺术手段充分展现鄂豫皖革命根据地“英雄的山、英雄的人民、英雄的业绩、英雄的精神”的教育载体。这些都是进行革命传统教育，传承红色基因，培育理想信念和爱国情怀的珍贵资源。

思想政治教育要具备发掘和利用好当地“红”的革命文化资源的自觉性，积极探索有效的教学及实践形式，充分发挥好革命文化资源的育人价值。由于大部分的承载革命传统和革命精神的革命文化资源都在校外，且分布相对比较分散，因而与地方共建稳定的校外红色革命实践基地，并依托基地组织、实施思想政治教育教学，无疑是一条相对有效的路径。为落实中共中央、国务院、教育部关于思想政治教育实践教学的相关文件精神，中国地质大学（武汉）马克思主义学院结合湖北境内丰富的革命文化资源，创建了“一红二线三实”的思政课教学模式，并与红安县档案馆、县校合作中心签订三方协议，在红安县档案馆建立中国地质大学（武汉）思想政治教育实习实训基地，主要为思想政治教育专业的本科、研究生提供实践教学平台，同时也为思想政治理论课的实践教学提供支持。为更好地支持中国地质大学（武汉）思想政治教育实习实训基地的实践教学，特编写本教材，为毕业实习、社会调查、毕业论文等实践教学提供参考和指导。

本书由中国地质大学(武汉)马克思主义学院参与思想政治教育实践教学和研究的多位教师和学生共同完成。本书由朱桂莲、何英、严世雄主编。各章编者如下。第一章:何英、曾和平;第二章:严世雄、文辉;第三章:朱桂莲、李敏伦;第四章:何英、朱桂莲、陈雨萌、李建肖、马雄文、陈倩倩、赵金金、赵岩;第五章:张牛美、程亚萍;第六章:高翔莲、张存国;第七章:常荆莎、王晓磊;第八章:朱桂莲、杜胜国。全书由朱桂莲、何英拟定编写框架,由朱桂莲负责统稿。本书编写中,参阅和摘编了多位学者关于红安革命历史和鄂豫皖革命根据地建设的研究成果及其他资料,在此一并致谢!

本书的编写、出版得到了中国地质大学出版社、中国地质大学(武汉)教务处、中国地质大学(武汉)马克思主义学院、红安县各实践教学合作单位的大力支持,在此表示感谢!本书若有疏漏错误之处,欢迎各位专家、读者批评指正!

编　者

2019 年 6 月 29 日

目　　录

第一章 思想政治教育实践教学概述

第一节 思想政治教育实习实训基地简介

一、思想政治教育实习实训基地的建立

中国地质大学(武汉)思想政治教育实习实训基地(简称红安基地)(图 1-1)位于湖北省红安县档案馆内。2011 年,中国地质大学(武汉)马克思主义学院在思考本科思想政治教育学科和专业特色建设时,就把利用湖北省的红色文化资源优势作为社会实践教学形式和路径加以重视,并多次由教师带队,率领学生暑期分赴红安、巴东、英山、大悟等革命老区开展社会调查。2016 年,中国地质大学(武汉)"本科教学质量工程"中央高校基金批准"建设资源整合、优势突出的思想政治教育本科专业红安实践教学基地"项目,由思想政治教育系牵头,在马克思主义学院领导的大力支持下,与红安县县校合作服务中心和红安县档案馆签订三方协议,正式启动红安基地建设工程。

图 1-1 中国地质大学(武汉)思想政治教育实习实训基地(红安县档案馆内 朱桂莲 摄,2017)

红安基地的住宿由红安县大学生实习实训综合保障基地负责安排。基地含有大学生实习实训公寓、青年人才公寓、青年人才食堂、超市、文体娱乐场所、公交专线(图 1-2),从大学生报名到实习结束返校,各个环节都有科学有序的管理和安排,为参加红安基地实习实训的学生提供了良好的生活和学习保障。

图 1-2　红安基地的食堂、公寓(杨琴 摄,2017)

红安基地办公场地由红安县档案馆提供。红安县档案馆位于县迎宾大道文化园区内,于 2012 年 8 月建成(图 1-3),是红安县档案永久的保管基地、爱国主义教育基地、档案信息利用查询中心、政务信息公开中心、电子文件管理中心,其馆藏的文献档案资料非常丰富,尤其是关于红安县新民主主义革命时期和社会主义建设时期的档案资料,与思想政治教育专业的学科理论有着密切的关系,非常有利于本专业学生深化对所学理论知识的理解。

图 1-3　红安县档案馆(杨志宏 摄,2017)

同时,红安县作为鄂豫皖革命根据地中心、3 支红军部队的诞生地和重建地、200 多个将军的故乡,拥有丰富的革命传统教育和爱国主义教育资源,是进行思想政治教育现场教学的理想场所。

二、思想政治教育实习实训基地的建设

中国地质大学(武汉)是较早创办本科层次的思想政治教育专业的非师范类高校之一,有着较长的学科和专业建设历史。2004 年,学校启动行政管理大类招生机制,将本科层次的思想政治教育专业纳入大类招生体系之中。2008 年,学校根据教育部的要求,成立马克思主义学院。思想政治教育作为马克思主义理论一级学科下的本科专业,归属于马克思主义学院管理。为了加强本科层次的思想政治教育专业建设,马克思主义学院于 2013 年成立思想政治教育系,于 2015 年启动思想政治教育专业自主招生计划。中国地质大学本科层次的思想政治教育专业建设,不仅以博士后流动站、博士点、硕士点的完整学科体系的较强比较优势为依托,而且有着规范的专业队伍。

思想政治教育是理论性、实践性和应用性都非常强的学科。为了提升专业教学效果和人才培养过程质量,教育部专门制定《马克思主义理论类本科专业教

学质量国家标准》(以下简称《国家标准》),指出要"重视社会实践基地建设,利用爱国主义教育基地和国防教育基地、城市社区、农村乡镇、工矿企业、驻军等,建设相对固定的社会实践基地"。为了落实《国家标准》关于思想政治教育实践教学的要求,马克思主义学院于2014年修订了《中国地质大学(武汉)马克思主义学院思想政治教育专业培养方案》(以下简称《专业培养方案》)中的实践教学规划,并制定《中国地质大学(武汉)马克思主义学院思想政治教育专业实践教学方案》(以下简称《实践教学方案》。根据《实践教学方案》,马克思主义学院把加强以实践教学基地为代表的第二课堂建设和丰富实践教学活动作为教学教改的主要内容,并在学院"十三五"发展规划中,把实践教学基地建设作为思想政治教育专业建设的有机组成部分列为学院建设发展的主要任务之一。

实践教学一直是思想政治教育专业本科生的必修课程。根据《专业培养方案》(2014),思想政治教育专业本科层次的实践教学环节包括军事训练(2周,2学分)、网络应用与信息技术课程设计(1周,1学分)、社会实践(4.5周,4.5学分)、专业实习(4.5周,4.5学分)、毕业论文(13周,13学分)、社会调查(2学分)、其他(学科竞赛、发明创造、科研报告等,3学分)等。在所有的实践教学课程中,社会实践、社会调查、专业实习都是需要走出教室、走出学校来完成的。自红安基地在红安县档案馆建立以来,已基本具备了开展工作的相关硬件条件,并依托省、校级的教学研究项目,逐步拓展和丰富教学实习的内涵,以思想政治教育红色文化资源的认知为主,逐步向红色文化资源的生成、开发、利用、保护和当代价值等专业内容纵深拓展。在实践教学过程中,也逐步丰富实践教学内容,规范实践教学过程,编写实践教学指导书,提升实践教学效果。自2013级学生的专业实习开始,红安基地正式开展实践教学。

第二节 实践教学的目的、形式和要求

一、实践教学的目的

实践教学是思想政治教育专业人才培养的重要环节。依托红安基地,通过在红安县档案馆、宣传部、党史办公室(以下简称党史办)、国土资源局(以下简称国土局)、旅游局、文化中心、博物馆、政策研究室等相关单位的专业实习工作,参

观和考察红安县的红色革命资源，聆听红安本地专家关于红安县革命历史的讲座，调研或研究一个与红安县红色革命历史相关的主题，撰写专业实习报告、社会调查报告等形式，使学生对红色革命资源的生成、开发、利用和当代价值等有基本的认识，以增强学生对专业知识学习的积极性，激发学生的学习热情和爱国情感，提高学生理论联系实际，运用历史唯物主义和辩证唯物主义正确分析、解决社会问题、思想问题、实际问题的综合能力。具体而言，通过实习实训应达到如下目的：

(1)培养学生良好的职业道德意识和职业素养。职业道德是人们在职业生活中应遵循的基本道德，即一般社会道德在职业生活中的具体体现，是职业品德、职业纪律、专业胜任能力及职业责任等的总称。职业道德既是本行业人员在职业活动中的行为规范，又是行业对社会所负的道德责任和义务。在毕业前的专业实习阶段，学生虽然是以实习生的身份进入红安县档案馆等单位参加实习实训，但实际上具备了与正式员工同等工作的条件，必然有同等的职业道德要求。实习实训期的锻炼，有助于学生养成良好的职业道德意识。与此同时，通过在相关单位的实习实训，学生可以初步了解职场、职业和职业精神，在日常的工作纪律和工作要求中，养成爱岗、敬业、忠诚、奉献、合作、求实等良好的职业素养。

(2)深化学生对本专业相关知识的了解和运用。通过参观和考察红安县红色革命遗址、纪念场馆，以及参加红安县革命史料的讲座、学习和研讨，引导学生认识红安县红色文化资源生成的自然、经济、社会环境，掌握红色文化生成的动因、类型、分布以及当代价值；引导学生了解红安红色文化的内涵、底蕴及其所蕴含的革命精神，在增强学生对红安县的红色革命历史了解的同时，树立“把红色资源利用好、把红色传统发扬好、把红色基因传承好”的自觉意识。

(3)增强学生运用学科专业知识的能力和科学研究的能力。在社会调查、社会实践或专业实习过程中，对所选定主题的相关文献资料进行查阅、收集、整理、研究和思考，引导学生正确理解和把握文献资料并合理运用于报告撰写中，综合运用学科专业知识，增强科学研究的能力。

(4)通过参与红安县宣传部、党史办、档案馆、国土局、旅游局等部门的专业实习工作，以及对红安县的红色资源与经济社会发展的调研，逐步学会发现问题、分析问题和解决问题，提升理论联系实际的水平。

二、实践教学的主要形式

实践教学的主要形式：依托红安基地开展实践教学，主要采取校外实习实训的方式，由指导教师带队指导；将学生分成若干个小组，每个小组选出一名组长作为实习小组负责人；采用专家讲课、集体指导、分组讨论、理论与实践相结合的教学方式；老师对历史背景、研究主题、资料收集与处理进行系统讲解并示范，对各项实践教学任务提出具体的要求；教师对疑难问题给予指导，并帮助学生完成实践教学任务。

三、实践教学的基本要求

(1)实践教学活动因为是在校外和户外展开，因此必须按照教学规范进行严格组织管理，给予学生详细的指导，确保实践教学活动质量。学院要分别成立专业实习、社会实践、社会调查等各种实践教学工作领导小组，责任到人，负责各项实践教学的准备、组织、管理工作；思想政治教育系要分别成立相应的工作指导小组，负责具体的实践教学和日常管理工作。

(2)指导教师应提前备课，根据教学需要，熟悉并调整实习实训的具体内容，提前准备教案，重视对相关历史背景和知识的讲解，引导学生正确理解和把握史料；应提前一天到达基地，协助红安县县校合作服务中心工作人员安排好学生的住宿、饮食、交通等问题，与红安县档案馆衔接好专业实习、社会实践或社会调查等教学工作的相关安排。

(3)指导教师要高度重视实践教学的安全工作，在基地指导学生社会实践、社会调查或专业实习期间，对学生所反映的问题给予及时指导，要向各小组组长及时汇报发现的重大问题，并按照组长的意见作相应处理；要重视每天实习实训后的研讨和总结。

(4)参加社会调查、社会实践或专业实习的学生应提前作好相关准备，包括根据教学的内容要求，利用网络资源、图书馆资源，提前作好知识准备，以增强实践活动的针对性和提高教学效果。

(5)依托红安基地开展专业实习、社会实践或社会调查的学生，应提前一天到达基地；在教学过程中，应服从指导教师的安排，遵守教学纪律，尊重红安县当地的风俗习惯，文明礼貌，尊敬师长，保持良好的精神风貌；专业实习的学生还必须遵守实习单位的相关职业道德及纪律要求，正确处理学术主题研究与实习工作、史料的收集与探究之间的关系。

第二章 红安县概况

第一节 自然环境

红安县位于湖北省东北部，鄂豫两省交界处，地跨东经114°23′—114°49′，北纬30°56′—31°35′之间。东邻麻城，西接黄陂、大悟，南连新洲，北靠河南省新县。县城距武汉约100km，省级公路阳(逻)福(田河)公路纵贯境内，为大别山通往长江港口的重要线路。大革命前，红安县总面积为2036km²，总人口48万多人①。现今，红安县全境总面积1796km²②。这里气候温和，光照充足，雨量充沛，属于北亚热带大陆性季风气候。

由于地处大别山南麓，境内丘陵密布，沟壑纵横，红安县整个地势北高南低，海拔一般为200m。县东北部为山区，全县境内的山脉均属大别山支脉，走向自北而南，分布在东、西、北三面。其中，老君山最高，海拔为840.5m。县境最低处是南部的太平桥镇与新洲县交界的倒水河畔杜家湾，海拔为30m。红安县的县境具有由北向南逐渐倾斜、以丘陵为主、北部多分布低山、南部多分布岗地的地貌特点。境内大小河流有100余条，加上水库、塘堰，总的水域面积约有18.6万亩(1亩＝666.7m²)③。全县耕地总面积50.05万亩④，是一个典型的山区农业县，也是全国老区建设示范点县。

红安县境内名山众多。据《黄安县志》载，“县有三台：天台以奇胜，云台以峭胜，阳台以幽胜”。其中，天台山位于红安县城北的鄂豫两省交界处，属国家级森

① 郭家齐.红安县革命史[M].武汉大学出版社，1987:1.

② 见红安县人民政府网。红安县现辖13个乡镇(场)，分别为城关镇、七里坪镇、华家河镇、二程镇、上新集镇、高桥镇、弥儿寺镇、八里湾镇、太平桥镇、永佳河镇、杏花乡、火连畈茶场、天台山风景区管理处。2014年末，红安县全县户籍总人口64.72万人。

③ 红安县县志编撰委员会.红安县志[M].上海人民出版社，1992:78.

④ 参见红安县人民政府网。

林公园、国家AAAA级旅游景区，与武麻高速相通。天台山系长江淮河分水岭，群峰连绵、沟谷纵横、植被丰富，春天樱花烂漫，秋日落红缤纷，森林覆盖率在95%以上，是珍稀植物库和野生动物的乐园。这里雨量充沛、气候温和，是理想的休闲避暑胜地。景区由主峰、九焰山古兵寨、爱河风情谷、对天河漂流区、香山湖、天台镇等景区组成，是武汉市百公里区间生态保护完好、气候宜人、功能齐全的旅游度假区。主峰817m，峰耸岭峻，地势险要，层峦叠嶂，雄奇挺秀，怪石罗列，历来是兵民避险之所、军家必争之地，因"山形类台、巧若天造"而得名。拾级而上，有了心关、留月岩、坐忘台等景10处。"缥缈高台起暮秋，壮心无奈忽同游。水从宵汉分荆楚，山尽中原见豫州。明月三更谁共醉，朔风初动不堪留。朝来云雨千峰闭，恍惚仙人在上头。"①这首诗是李贽②对天台夜景的赞美，情景交融，使人陶醉。天台山不光风景奇特，更让人惊叹不已的是它所蕴涵的厚重的文化积淀。"文风尤胜唯有楚，楚亦在黄安。"天台山曾是李贽、耿定向③、耿定理等人读书讲学的重要活动场所，它代表了黄安曾盛极一时的"文脉"之风。土地革命时期，天台山是中共鄂东北道委机关驻地。抗日战争时期，爱国将领吉鸿昌等在此留下足迹。中原解放时，这里曾是黄(安)、礼(山)、罗(山)、经(扶)四县的游击中心指挥部。刘邓大军南下时，又把天台山作为挺进中原的立足点之一。

与天台山遥相对峙的老君山，位于鄂豫两省交界处，"世传老君曾炼丹于此，上有药臼石"④，故名老君山。这里四周群山环绕，巍峨壮丽，森林茂密，道路崎岖，峡谷纵横，在土地革命和抗日战争时期，曾是红军和新四军的重要依托和据点。

天台山东南面的九焰山，又名黄杨寨，林木茂繁，野草丛生，山崖怪石，巍峨雄壮，群峰环抱，共有大小山峰9座。耿定向在《天台胜纪》中说："黄杨寨，以岩多黄杨，故名。周回峭壁，亦如台。上平旷，可田，可池。"《湖北通志》记载："宋端

---

① ［明］李贽：《宿天台顶》。

② 李贽(1527—1602)，福建泉州人。明代官员、思想家、文学家，泰州学派的一代宗师。黄安建县后不久，受耿定向兄弟邀请，李贽于万历九年携家眷来黄安居住四年之久。期间，李贽在五云山的天窝书院著书讲学，从者达数千人。其所著《焚书》《藏书》和《续藏书》等，主要完成于黄安天窝书院和洞龙书院。

③ 耿定向(1524—1597)，字在伦，黄安人，明代官员、学者。嘉靖三十五年进士。1563年，在耿定向的努力下，经大明朝户部复奏，朝廷批准正式建县，并析麻城县太平、仙居二乡20里，黄陂县滠源乡8里，黄冈上中和乡12里为新建县属地，名为黄安县(今湖北红安)，耿定向因此被誉为"黄安之父"，学者称之为天台先生。耿定向辞官后回到黄安，定居天台山，与其弟耿定理一起办天台书院，研究学问，教学授徒，著有《冰玉堂语录》《耿天台文集》二十卷、《硕辅宝鉴要览》等。

④ 明弘治：《黄州府志》。

平、嘉熙间，淮西兵扰，土人结寨，常活十万人。元末兵乱，有黄杨者聚众据此，曰黄杨寨。"九焰山上的寨有东、南、西、北四座石头城门，寨墙已毁，城墙、城垛、炮口基本完好，西门尚存。从西门沿人行道至东门的大岭，以山脊分水为与河南省新县的交界线。东半山有止止洞，相传有僧号"止止"，隐居于此，故得名。洞可容纳 40 余人。左、右壁分别刻有隆庆壬申耿子颐题"止止洞"和"凝神"等字。1934 年 11 月，中共鄂东北道委曾隐蔽于此洞指挥战斗。

红安县境内有倒水、摄水、举水三大水系，其中，主要河流是倒水，发源于大别山南麓，自北向南，流经全县，纵贯红安县域中部，把全县划分为倒东、倒西两个自然地区。倒水又名界河，为山区季节性河流，4 月—8 月常有洪水发生，水势较猛。倒水河流经红安的大小支流有 70 多条，包括下店河、七里坪河、烟宝地河、金沙河、高桥河、依河等。这些支流与倒水河一起，共同孕育了英勇的红安人，也见证了红安县在革命年代所走过的沧桑岁月。

红安县物产丰富。其矿产资源主要有萤石、大理石、蛇纹石、花岗岩、硅石、重晶石、金红石、石英石等。其中萤石中 CaF_2 的品位居全国第一，产品获湖北省和冶金部优质奖；大理石中能加工成豪华型孔雀绿板材的矿体占 70%；花岗岩储量大，呈灰黑色，是坚固美观的建筑材料。主要的农产品以稻谷、小麦、花生为大宗，茶叶、油菜、棉花占有相当比例，红苕、豆类等杂粮以及芝麻、水果、板栗等经济作物亦有种植。主要家养动物有猪、牛、羊、兔、鸡、鸭等，野生动物物种较为丰富，有稀少的北豹、北狐、野猪、银环蛇等。植物品种也较为丰富，有药材树种、经济树种、园林绿化树种、竹类、中草药、牧草等，盛产桔梗、金银花、夏枯球、白术等中药材。水产品主要以鲤形目、鲤鱼科为主，也有龟、鳖、螃蟹、虾、黄鳝、泥鳅、背角无齿蚌、乌螺、方环螺等，其中，龟、鳖、鳝是红安县的名特产。水生经济植物有莲藕、菱、荸荠、蒲草等。

红安县是全国有名的"花生之乡"，是国家花生基地县，湖北省花生生产基地。花生是中国地理标志产品，其特点是粒小、特别香脆、出油率高。红安红苕也是中国地理标志产品，其主要特点是外白内红，味柔且淡甜爽口。此外，还有绿豆粑（传统美食，外焦内软，椒咸味美，油而不腻，味香爽口）、珍珠花菜（柔和、清香）、煨葫芦（民间名菜，味近玉兰片）、荆芥（食叶、味鲜嫩柔和清香）、绿豆丸子（味美可口，疏松香甜，别具风味）。主要工业产品有卷烟、娃哈哈系列饮料、花生系列制品（花生酱、花生糖等 10 多种）、食用植物油、水泥、塑钢制品、化肥等。

丰富的物产吸引了各地客商的往返经营。雍正年间，黄安北部重镇七里坪，曾是各种货物的集散地，倒水河上竹排运输往来如梭，呈现出一派繁荣昌盛的景象。河南省的生猪，湖南的杉木，安徽六安的茶叶，新洲涨渡湖的鲜鱼，黄冈、应城的烟叶，应城的石膏，以及来自汉口的食盐和本地及新县一带的米、花生油、土布、皮梓油、中药材等都是重要的营运商品①。那时，陆路运输相当闭塞，作为贯穿全境的大动脉，倒水河的水道是连接汉口的重要交通。黄冈、宋埠、黄陂、李家集、八里湾等地商人和贩夫走卒来此寻找商机。红安成为文化的集合地和融合场所。

红安人以最大的真诚和热情接待着四方来客，也以最宽容的心接纳了来自各地的文化，并把它融入到自己的血脉中加以发扬光大。今天的红安民间文化中，依然可以找到各地文化的身影：红安的牌子锣鼓敲起来，依稀是新洲的曲调，只是更多了几分高亢；河南的高跷亭子在这里保存完好；京山的民间歌谣也可以在这里找到它似曾相识的身影；安徽的标志性建筑则永久地保留在了长胜街中。

第二节　历史人文

红安县亦称“第一将军县”，原名黄安，建县前是黄冈、黄陂、麻城三县属地。为改变当时三县分割、地处偏僻、远离县治、山高皇帝远、政令难施、不易控制的局面，嘉靖四十一年（1562年），明礼部尚书徐阶上书朝廷，恳切言明建县利害关系。次年，经过户部复奏，朝廷正式批准单独建县。割麻城的太平、仙居两乡20里甲（110户为里，里分10甲），黄陂的滠源乡8里甲，黄冈的上中和乡12里甲为新建县所属，初定名为新安县，不久改名为黄安县②。1931年，为纪念黄安战役的胜利，中共鄂豫皖中央分局决定将黄安县改为红安县③。第二次国共合作期间，又称黄安。1952年9月，为了纪念鄂豫皖革命根据地和中国工农红军第四方面军创建于此，湖北省人民政府报请中南军政委员会转呈中央人民政府政务院批准，再次将黄安县改名为红安县。

---

① ［清］《黄安乡土志》载：商以四川重庆为盛，合冈麻曰黄帮，购棉花于新洲、歧亭、宋埠，舟运至川，载土药售宜昌、沙市、岳州，获利不赀贸汉口，歧宋及河南之光州、新集、仙花及本邑各市。《黄安县志集成》（影印本），2005年，第211页。

② 据《黄安县志》记载，因春秋时红安地属古黄国，为求“地方宁谧，生民安妥”，故名“黄安县”。

③ 郭家齐．红安县革命史［M］．武汉大学出版社，1987：1.

黄安自建县后，隶属几经变换。明、清时属黄州府。1914 年，属江汉道。1927 年，属湖北省政府。1940 年，属鄂东行署。1949 年，属孝感专区。1952 年，属黄冈专区[①]。不仅如此，其所辖的领地也几经改变，1932 年（民国二十一年），县东北旧称长水会及笪儿会的东半部，被划入河南省经扶县，即今新县箭厂河乡（除吴河村外）。县西北旧称禹王会、枣林会、羊角会、老山会、黄陂站会等地区，被划入礼山县，即今大悟县的禹王、四姑等地区。通过对红安县行政区划的梳理，可以让我们了解红安县与周边地区的密切关系。一直以来，红安就和附近的大悟、黄陂、麻城、新县、新洲等地关系密切，民间的各种交流从未停止过。在后来风起云涌的战争年代，各地人民对黄安的革命也是给予了大力支持。

红安县这个历史不足 500 年、人口不足百万的地方，一条文脉贯通古今，在中国历史上有着重要的影响。相传春秋时期道教创始人老子曾隐居红安天台山修炼，此后这里逐渐成为道教圣地。隋朝佛教也在此显赫一时，创立天台宗的佛教大师在这里传教授法，誉满中原。据《黄安县志》记载，唐宋年间，杜牧、苏轼、陈季常等都曾在这里留下活动的足迹，位于永河的桃花塔至今仍是苏轼与陈季常友谊的见证。北宋时期著名的哲学家程颐、程颢（典故“程门立雪”出于此二人）二兄弟故地重游，刻石纪念。[②] 至明代，这里更是风云际会，李贽、焦竑等文化名人联袂而起，耿定向、耿定理、吴心学等本地才俊横空出世，使红安声名鹊起。李贽因仰慕黄安耿氏兄弟的才华，一生 3 次到黄安，并曾在黄安寓居四载，潜心读书讲学。同为明代著名的理学家，因思想观念的差异，耿、李之间曾发生长达 10 年的学术争论，影响巨大而深远。也正是在这种激烈的辩论中，李贽逐步发展并完善了自己的思想体系。“近世理学莫胜于宋……天台先生崛起楚之黄安，推明孔颜周陆之学，与乡人肆习之，从游者履恒满户外。”[③]这种超越时代的先进文化深深地浸润了红安土地，孕育了红安人敢为人先、不屈不挠的斗争精神，或许这正是红安近百年来名人、将军辈出的重要原因。董必武、李先念、叶君健、张培刚、冯天喻等使源自天台的这股强劲文风，经久不息，在中国文坛尽显风流。

红安县东接皖西，西倾江汉，北出豫南，南迫武汉，关山形胜，历来为兵家必

---

① 红安县县志编撰委员会. 红安县志[M]. 上海人民出版社，1992：64-65.

② 程颐、程颢出生于现今红安县二程镇，因北宋时黄安尚无建制，行政上隶属于木兰县（今属武汉市黄陂区），他们的父亲当时是木兰县令。宋神宗元丰五年（公元 1082 年），程氏兄弟相携到出生地重游，游览了老君山和天台山，并刻石留念。这是他们第一次也是最后一次重回故地。为了表示尊敬，家乡人将程颐、程颢的出生地改名为“二程”，将附近的两座山命名为“大程山”和“小程山”。参见红安县人民政府网。

③ ［明］焦竑：《天台书院记》，参见中共红安县委宣传部编《经典红安》，2005 年，第 193 页。

争之地。自古以来，谁能占据此地，谁就可以“北控中原，东引吴会”。相传红安北部的九焰山曾是薛刚反唐的屯兵之地，当时薛刚在九焰山屯兵数十万，最终为唐中宗夺回帝位，至今那里还留有大石筑砌的寨墙残垣。“薛刚反唐”这段历史仍在民间广为传颂。宋端平年间(公元 1234 年—1236 年)，七里坪附近一位姓黄的农民揭竿起义。起义军在九焰山安营扎寨，占山为王。他们打击地方官僚、地主，劫富济平，影响和势力一度扩大到淮南的大片地区。元朝末年，七里坪附近农民出身的铁匠邹普胜和冯瑄聚众起义，组织红巾军，“推富益贫”以反抗元朝的封建统治。明初，朱元璋为了排除异己，也曾挥师南下九焰山。明朝末年，李自成、张献忠的起义军攻占黄安城后，全县不少农民随起义军一起劫富济贫。清朝顺治元年至八年(公元 1644 年—1651 年)，全县农民起义达 5 次之多，其中最著名的是夏嗣伯的“朋人会”，起义军“横戈过市，影响很大”①。清末，洪秀全领导的太平军从 1853 年至 1858 年，转战黄安达 6 年之久。这些反抗精神都极大地鼓舞了红安人。

第三节　光辉的革命历史

红安县是我国一个以“红”命名的县。之所以以“红”命名红安，主要原因是红安县壮烈的革命历史，以及红安人民为中国新民主主义革命做出的巨大的历史贡献。

那么，红安县到底有着怎样的革命历史？20 世纪初，中国历史上发生了两件大事，一是辛亥革命，二是中国共产党的成立。这两件大事董必武都有参与。1920 年，董必武在武昌创办了私立武汉中学，以此为基地传播马列主义，并与陈潭秋等人一起创建了武汉共产主义小组。1923 年冬，在董必武和陈潭秋的培养教育下，黄安旅汉读书的学生在武汉中学成立党的工作组，1924 年初回黄安县开展革命活动。1925 年秋，黄安成立了党团特别支部。1927 年夏成立了县委。在整个湖北地区，黄安县党组织的建立是比较早的②。

有了共产党的领导，革命运动很快发展起来了。北伐军尚未到达武汉，黄安

---

① 光绪八年重修《黄安县志》。

② 郭家齐. 红安县革命史[M]. 武汉大学出版社，1987：2.

县的国共合作就已形成，秘密的农民运动已经开展。北伐军攻下武汉后，黄安县的农民运动迅猛发展，农民武装普遍建立，反帝反封建反军阀的革命风暴席卷全县。1927 年，麻城发生“麻城惨案”，黄安和麻城两县的农民自卫队在对敌斗争中，互相支援，使鄂东北地区形成了大好的革命局面，这为黄麻起义奠定了坚实的基础。

1927 年 11 月 13 日，黄安、麻城两县的农民武装和数万名群众，在潘忠汝、吴光浩、曹学楷、戴克敏等同志的指挥下，举行了著名的黄麻起义，一举攻克了黄安城，成立了黄安县农民政府和中国工农革命军鄂东军。随后在黄（安）、麻（城）、光（山）边界地区建立了根据地，走上了武装割据的道路。在黄麻起义的影响下，1929 年又爆发了商南起义和六霍起义，使鄂东北、鄂东南和皖西 3 块地处中原、横跨三省的大别山苏区连成一片，成为中国革命史上具有重要意义的鄂豫皖苏区。

黄麻起义后，鄂豫皖苏区许多重大历史事件都与黄安县联系在一起。如 1931 年 11 月，红四方面军在黄安县七里坪成立，1932 年 11 月红二十五军在黄安县檀树岗重建，1938 年 3 月红二十八军在七里坪改变为新四军第四支队东进抗日，同年 12 月，以 4 支队七里坪处为基础组建起来的抗日游击第五、第六大队是新四军第五师的重要组成部分。中原突围后罗（山）礼（山）经（扶）光（山）中心县委在黄安县天台山坚持斗争，为迎接刘邓大军南下起了重要作用。这些重大事件与全国的革命斗争紧密相连。黄安县确实是一个革命的摇篮[①]。

黄麻起义后，虽然多次遭受国民党反动派的血腥镇压，但根据地军民团结一心，在徐向前等领导人的指挥下，粉碎了敌人的“围剿”。1929 年冬—1930 年春，各级苏维埃政权在黄安县建立。1930 年 2 月，七里区第一次工农兵代表大会在七里坪召开，会议产生七里区苏维埃政府第一届执行委员会，庄严宣告黄安县第一个区级苏维埃政府在七里坪成立。同年 2 月 27 日，黄安县第一次工农兵代表大会在紫云区箭河乡闵家祠堂召开，成立黄安县苏维埃政府[②]。“紫气东升黑暗扫除天地憾，云开日出光明团结万家欢”，随着黄安县内各级苏维埃政府的全面建立，土地革命全面开展，以黄安县为中心的鄂豫皖苏区的建设与发展进入了一个新的历史时期。

---

① 郭家齐. 红安县革命史[M]. 武汉大学出版社，1987：3.

② 郭家齐. 红安县革命史[M]. 武汉大学出版社，1987：175-176.

1930 年 11 月—1932 年 10 月，国民党反动派对鄂豫皖革命根据地进行了 4 次大规模的“围剿”。在蔡申熙、曾中生、郑行瑞、徐向前等人的领导下，红安军民取得了前 3 次反“围剿”的大胜利。1932 年 10 月，国民党发动第四次大“围剿”。为避敌锋芒，红四方面军主力的万余人向西转移。红四方面军主力西征后，红安县又重新组建了红二十五军，在党的领导下，高举红旗，继续战斗。

随着国民党第五次“围剿”的到来，面对根据地被敌分割压缩、堡垒重重的封锁网，鄂豫皖省委决定率红二十五军实行战略转移，同时责令省委常委、皖西北道委书记高敬亭再组建红二十八军坚持斗争。

1937 年抗日战争爆发后，红安人迅速成立抗日民族统一战线，建立安礼边[①]、安麻边[②]和陂安南[③] 3 块抗日根据地，并建立起抗日游击武装，为中华民族的抗战大业做出了重要的贡献。同时，这 3 块抗日根据地也通过加强经济建设、政治建设、文化建设得以进一步的巩固与发展。

抗战结束后，黄安人民同全国人民一样，渴望和平民主和民族独立，要求建立一个独立、自由、民主、统一和富强的新中国。但蒋介石反动集团企图恢复“一个国家，一个主义、一个领袖”的独裁统治，把中国引向黑暗。面对蒋介石发动的内战，以及国民党特务对共产党员和群众的残酷迫害，在中共罗（山）礼（山）经（扶）光（山）中心县委的领导下，迅速组织黄安县游击队。这支活跃在天台山地区的游击队，在与上级党组织失去联系且生存极为艰苦的条件下，仍然顽强坚持战斗，为 1947 年 8 月刘邓大军千里跃进大别山创造了极为有利的条件。1949 年 4 月，黄安县全境解放。

这就是红安，战火曾把这里烧成一片焦土，“无人区”从县北一直延伸到县南。“一九三二年蒋介石匪军用尽一切力量，才占领了黄安，施行极残酷的屠杀，把群众的头颅割下来，堆在城外，使之成为高阜，这就是所谓的万人塚。将死未

---

① 安礼边位于黄安县西北部和礼山东部，包括黄安金牛、龙山乡和二程乡一部分，礼山禹王、丰店、夏店和河口等地，东靠天台山、老君山，西接仙居顶、大悟山，南有龙王山、佛塔山，北接大、小鸡龙山。内战时期，这里一直是革命根据地。郭家齐. 红安县革命史[M]. 武汉大学出版社，1987：331.

② 安麻边包括黄安县东部的七里、紫云、三角、桃花、永河等乡，麻城西部的料棚、西张店、乘马岗一带和经扶南面的泗店、箭厂河等地。七里、紫云、乘马岗过去一直是革命根据地，党的组织和武装斗争从未间断。郭家齐. 红安县革命史[M]. 武汉大学出版社，1987：325.

③ 陂安南是土地革命时期的革命根据地，是黄安县南部与黄陂北部地区的合称。党之所以在这里建立抗日根据地，一方面是因为其战略地位重要，据之东能支撑（黄）冈麻（城），西可接应（黄）陂孝（感），北能护卫安麻、安礼，南可威逼长江，有利于对武汉之敌实施战略包围；另一方面是因为这里群众富有革命传统，易于发动。郭家齐. 红安县革命史[M]. 武汉大学出版社，1987：331.

死的劳苦群众偶然经过这里，莫不伤心流泪，放声大哭。”[①]“黄安的七里坪，也有这样的万人塚，这是白匪屠杀的遗迹。从黄安城到七里坪约有四五十里的路程，其间不但田亩荒芜，房屋颓废，就是连走兽与飞鸟都几乎绝迹。没有被白匪杀光的几个居民，都是年老的妇女及年幼的儿童，至于壮丁，或是被白匪杀害，或是当红军去了。”[②]在 20 多年的革命战争中，红安县的革命群众用鲜血浸染了这片土地。根据郭述申为《红安县革命历史》写的序言，从土地革命到解放战争时期，红安县的遇难群众有十多万人，已查清登记在册的烈士有 22 000 多人[③]。在“家家有烈士、村村有将军”的“天下第一坪”——七里坪，黄麻起义前全镇有 8 万人，其中有一半的人(4 万多人)参加了革命，在册烈士多达 7500 多人。在红四方面军指挥部的一面墙上，一张名为“红四方面军时期革命英烈”的名单上，就列出了 96 名正师级以上的指挥员。为了中国人民的自由和解放，红安人不惜抛头颅，洒热血，牺牲之重、贡献之大，全国罕见。

在红安县这块神奇的红色土地上，走出了董必武、李先念等国家领导人和陈锡联、韩先楚、秦基伟等 200 多位将军，红安因此成为举世闻名的“中国第一将军县”。在这里，打响了黄麻起义第一枪，红安县是中国工农红军第四方面军的诞生地、红二十五军的重建地、鄂豫皖革命根据地的摇篮。这里走出了红四方面军、红二十五军、红二十八军 3 支红军部队。

这也是一块有着 20 多年红旗不倒的土地。郭述申在为《红安县革命史》一书所写的序言中指出：“红安人民的革命斗争经验丰富，很有特色。第一，他们有坚定的革命信念，坚信马列主义，坚信要在中国实现共产主义，坚信共产党的领导。因此，自 1923 年建党以来到全国胜利，党组织始终没有间断过。第二，他们有敢于斗争、善于斗争的革命精神，自 1927 年黄麻起义到全国胜利，武装斗争始终没有停止过。第三，他们有百折不挠的革命毅力。因此，自 1928 年建立根据地以来到全国胜利，革命根据地始终保存着，二十多年红旗始终飘扬在红安的大地上。总而言之，红安人民的革命斗争在中国革命史上写下了光辉的一页。”[④]

2010 年，习近平在视察七里坪镇时也指出：“红安过去叫黄安，为了中国革命

---

① 郭家齐. 红安县革命史[M]. 武汉大学出版社，1987:269.

② 郭家齐. 红安县革命史[M]. 武汉大学出版社，1987:269.

③ 郭家齐. 红安县革命史[M]. 武汉大学出版社，1987:4.

④ 郭家齐. 红安县革命史[M]. 武汉大学出版社，1987:5.

的胜利，牺牲了14万英雄儿女，这里的土地是用烈士的鲜血染红的，后改名为红安。从这里走出了两位国家主席，还有两百多位共和国将军，为中国革命做出了巨大贡献。特别是红安从1923年建立党组织以来，直到解放的26年间，党组织从未间断，值得研究。”[①]

① 夏红胜，黄解林. 红色记忆——七里坪[M]. 华中师范大学出版社，2011：213.

第三章 红安县红色文化资源概况

>>>

第一节　红安县红色文化资源概述

在汉语文化中，“红”是早期太阳图腾的符号。红色被看成是一种充满激情与活力的颜色，它象征温暖、喜庆、兴旺、成功，具有特别突出的联想意义和民俗意义。人们用“开门红”“满堂红”“红火”“红运”“红利”等词汇来表示事业的兴旺发达和社会的安定和谐。中国美学史上，“红”承载了“红颜”“红粉”“红袖”“红豆”等诸多艺术审美的信息。20世纪初叶，中国无产阶级革命运动中出现“红旗”“红军”“红色暴动”“红色苏维埃”等一系列新符号、新词汇，赋予了“红色”鲜明的时代政治色彩，红色被看作是革命与奋斗的象征和中华民族浴火重生、脱胎换骨的精神图腾。中华人民共和国成立后，红色成为国旗、国徽和天安门城楼不容更改的底色，成为中国现代文化的经典。红色所象征的文化精神，已经融入我们的血脉和灵魂，成为现代中国人民社会价值观的一部分，激发着一代代青年人身上的爱国主义热情，并升华为崇高的责任心、神圣的历史感和使命感。

中国的红色文化是中国共产党人及其领导下的无产阶级革命运动在伟大斗争实践中所创造的丰富多彩的物质财富和精神财富的总和，是无产阶级革命斗争历史上所产生和形成的思想精神，也是具有较大影响力的事件及其革命圣地、革命根据地和领袖人物故居等所展示的文化形态。红色文化的内涵极其丰富，作为在新民主主义革命时期，在中国共产党的领导下，由中国共产党人、一切先进分子和人民群众共同创造的具有中国特色的先进文化，它是物质文化、制度文化和精神文化这三者的精神有机统一体。其中，物质文化包括革命战争遗址、纪念地等实物，制度文化包括新民主主义革命时期形成的革命理论、纲领、路线、方针、政策等的革命文献，精神文化即新民主主义革命时期形成的革命精神、革命道德传统等。与红色文化紧密相关的红色旅游文化，是指供人们参观、学习的中国共产党成立以后、中华人民共和国建立以前，包括红军长征时期、抗日战争时期、解放战争时期等所遗存下来的革命纪念地、纪念物及其所承载的革命精神。

红色文化资源作为中国共产党领导的中国各族人民在革命斗争和建设实践中所形成的伟大革命精神及其载体，一般包含精神和物质两个层面的内容。其中，精神层面的资源包括革命年代形成的井冈山精神、长征精神、延安精神、西柏坡精神，建设时期形成的大庆精神、焦裕禄精神、“两弹一星”精神、“九八”抗洪精神等。物质层面的资源包括反映这些精神的遗迹、文物、博物馆、纪念馆、展览馆、烈士陵园等。曾喜云(2008)将红色文化资源的表现形态分为物质形态和非物质形态的资源，汤红兵(2006)则将其分为物态文化、制度文化、精神文化和思想文化形态的资源。

第二节　红安县红色文化资源的分类、分布及特点

一、红安县红色文化资源的分类

红安县红色文化资源作为中国红色文化资源的重要组成部分，是在红安县这片红色的土地上，由共产党领导红安人民在夺取革命伟大胜利斗争中所形成的具有资政育人功能的历史遗存，无论是物质形态和精神形态的表现形式，还是物态文化、制度文化、思想文化和精神文化的表现形式，都可以从知识教育层面、价值观培养层面、制度建构层面和艺术层面来划分。

1.知识形态的红色文化资源

知识形态的红色文化资源是指以知识与信息形态呈现出来的文化资源，包括与红安县革命有关的历史文化知识、革命人物的传说和故事、历史文献，红安县革命人物的政治、经济、文化、军事等方面的思想，与红安县革命有关的名物等。承载知识形态的红色文化的各类物质资源非常丰富，仅革命遗址和纪念场馆就有257个，包括重要历史事件和重要机构旧址、人物活动纪念地、革命领导人故居、烈士墓(含烈士墓群)、纪念设施和其他遗址，红安县档案馆馆藏的名人档案、民国时期黄安县档案、人物传记和文选等资料，红安县党史办研究、汇编的各种有关红安革命历史的文献资料，以及大量产生于革命战争年代的民间故事。

2.价值形态的红色文化资源

如果说知识形态的红色文化资源是偏向外在现象和直观的信息，价值形态

的红色文化资源则是关乎信仰、信念、精神、品德等内在的部分，它是红安红色文化的精神和内核。价值形态的红安县红色文化资源也非常丰富，仅不同的革命人物身上所表现的革命气质和品格就各有特色，如吴光浩的“欲与天公试比高”①、潘忠汝的“血不流干，死不休战”②、秦绍勤的“生是革命人，死是革命鬼”③、张南一的“死也要革命”④、戴克敏的“山沟里的土马克思主义者”⑤等。除了作为革命者所共同具有的革命理想信念外，他们都具有非常鲜明的个性特征。尤其是被后人概括为“一要三不要”铁血精神的“要革命，不要钱，不要家，不要命”的口号，更是彰显着红安红色文化的精神实质和价值追求。

3. 制度形态的红色文化资源

制度形态的红色文化资源是指红安红色文化中为保证革命理想和信仰、党的思想路线或革命道路能够落实到革命实践而设计的法治和纪律要求，它从制度层面体现了红安红色文化的价值取向和精神追求。红安革命能在 20 多年里

---

① 吴光浩是黄陂人，是在黄安点燃红色风暴的“播火者”之一，是黄麻起义的主要领导人之一。1924 年，吴光浩与同学到黄安境内的著名景点天台山游览时，望着巍然屹立的高峰，写下一首五言诗：“四望众山低，昂然独出奇。白云分左右，唯尔与天齐。”在风云变幻的乱世，吴光浩的最大信念就是拼却一腔热血，为劳苦大众杀出一条生路，做一座“欲与天公试比高”的奇峰。少华. 红四方面军（上册）[M]. 湖南人民出版社，2016：3-4.

② 潘忠汝（1906—1927），原名潘中雨，湖北黄陂人（今武汉市黄陂区）。1926 年加入中国共产党，牺牲前为中国工农革命军鄂东军军长。他曾写过一首励志诗：“尧天舜日事经过，世态崎岖要整磨。不肯昏庸同草木，愿输血汗改山河。”他这种“血不流干，死不休战”的信念和豪气，后来被概括为“团结奋斗，不胜不休”，成为红四军十六字军训的重要内容，也是红安精神的重要内容。少华. 红四方面军（上册）[M]. 湖南人民出版社，2016：21.

③ 秦绍勤，黄安县七里区福德人，大革命时期加入共产党，曾担任七里区农协负责人和中共七里区委领导职务。1927 年不幸被捕。在敌人残酷的审讯中，他大义凛然，愤怒斥敌。他宣告：“老子就是革命者，一不怕死，二不流泪，生是革命人，死是革命鬼，要我投降，要我招供，休想。”秦绍勤牺牲后，民间艺人将其事迹编为歌谣传唱：“英雄秦绍勤，开膛破肚在北门，宁愿自己死，不连累别人。”郭家齐. 红安县革命史[M]. 武汉大学出版社，1987：126.

④ 张南一，参见本教程第 61 页。

⑤ 戴克敏（1906—1932），又名戴道规，湖北黄安县紫云区檀树乡戴家村人，黄麻起义的主要领导者之一。1924 年加入中国社会主义青年团，1925 年转入中国共产党。曾担任中国工农革命军鄂东军党代表，和吴光浩、曹学楷等带领革命军转战鄂东北，开辟柴山保，粉碎国民党“围剿”。1930 年春，任中共鄂豫皖特委委员。4 月，任红一军一师政治委员，与师长徐向前带领一师转战鄂豫地区。1931—1932 年，先后担任红四方面军直属警卫团团长、红十师二十八团政治委员、红二十五军七十五师政治委员。1932 年夏在“肃反”中被诬陷杀害于河南光山县新集（今新县）。1945 年，中共七大追认为革命烈士。戴克敏遇事沉着，思维缜密，特别注重实际，善于思考和总结问题。他在武昌农民运动讲习所学习期间，撰写的《农民运动在中国革命运动中的地位》一文，受到毛泽东的高度赞扬，编入《中国农民问题研究》一书。他后来被徐向前称为“山沟里的马克思主义者”。少华. 红四方面军（上册）[M]. 湖南人民出版社，2016：5.

红旗不倒，除了有红安共产党员在思想上的坚定信仰外，还必须要有当地人民群众的支持。因此，红安县的共产党及其领导的军队必须以法治和铁的纪律来切实维护人民群众的利益，并获得群众的认同。在红安革命根据地的苏维埃政权建设时，就成立了位于列宁市（现红安县七里坪镇）的第一家苏维埃法庭，以维护人民群众的利益和化解矛盾纠纷。同样，在军队建设中也高度重视纪律制度建设。如1928年新改编为中国工农革命军第七军的鄂东军转移到木兰山建立革命根据地后，七军军部即要求全体官兵不准违反庙堂教规，不得毁坏神像，未经僧人许可，任何人不得进入殿内。由于军纪严明，七军得到了僧人的拥护和支持。1929年鄂豫边特委①成立大会制订的《军事问题决议》，对大别山红色武装的任务、原则和纪律进行了规定。这些都足以证明当时共产党人对法治和纪律的重视。

4. 艺术形态的红色文化资源

艺术形态的红色文化资源是指以艺术形态展现出来的文化资源，如歌谣、报告文学、戏剧、影视、诗词、画作、书法等。艺术形态的红安县红色文化资源也颇为丰富，作为“自古黄麻歌舞地”，在土地革命、抗日战争和解放战争时期产生了大量的民歌、民舞、民间曲艺、民间艺术、民间戏剧、民间文学，为广大人民群众喜闻乐见。其中，有黄麻起义时民众传唱的民歌《黄安谣》，有宣传浅显易懂革命道理的歌谣《步工伤心事》《为什么贫穷不均》等，有宣传马克思列宁主义和共产党革命主张的歌谣《赞列宁》《十月革命歌》等，有宣扬革命、革命事迹和革命纪律的歌谣《黄麻起义》《红军纪律歌》《救国歌》等200多首。民舞有《刘海戏金蟾》《天足舞》《大刀舞》《绣山情》等40多种，还有鼓书《王秀松大义灭亲》、快板剧《张南一豪气冲天》等20多曲，用民间器乐创作的歌曲《我跟情郎带红花》《红军哥哥回来了》等20多首，楚剧有《铜锣记》《英雄树》《长褂大仙》等8曲。

二、红安县红色文化资源的分布

时空是物质存在的两种形式，红色文化资源作为一定文化、精神的总括，不仅分布于一定的地域空间内，而且也因其所包含的文化、精神的特定历史顺序而呈现出时间上的分布特点。因而，对红安县红色文化资源的分布考察，也是从时

---

① 1929年11月—12月，鄂豫边先后召开第一次党代表大会和工农兵代表大会，建立了中共鄂豫边特委，书记是徐朋人。郭家齐. 红安县革命史[M]. 武汉大学出版社，1987：175.

间和空间两个视角来进行。

1. 时间分布

总体来说，红安县红色文化资源在时间上的分布非常完整，具有历史延续性强的特点。仅以红色歌谣为例，便可窥见一斑。从1927年黄麻起义时民众传唱的《黄安谣》开始，历经土地革命、抗日战争、解放战争，红色革命歌谣数量可观。有创作于大革命时期宣传革命道理的歌谣，如《步工伤心事》《为什么贫穷不均》等；有创作于土地革命时期的宣传党的革命主张、号召民众起来闹革命的歌谣，如《黄麻起义》《暴动歌》《赞列宁》《十月革命歌》《红军歌》《红军纪律歌》等；有创作于抗日战争时期的号召民众团结抗日的歌谣，如《救国歌》《民族革命歌》等；有创作于解放战争时期的歌谣，如《老蒋投了降》《刘邓大军》等。

2. 空间分布

红安县红色文化资源在空间上的分布，主要是指红安县红色文化资源在行政区域的分布。从行政区域的角度看，红色文化资源在红安县辖13个乡镇（场）都有分布。比如，在黄麻起义策源地，中国工农红军第四方面军诞生地，鄂豫皖苏区早期的政治、军事、经济、文化中心的七里坪，就有长胜街等40多个全国文物重点保护的革命遗址；在长丰村，有李先念故居纪念园；在城关镇（县城），有黄麻起义和鄂豫皖苏区革命烈士陵园；在华家河镇，有老君山、西汪家革命旧址、清平寺、朝阳寺、九龙观等，分布非常广泛。

三、红安县红色文化资源的特性

作为一种特殊文化形态的资源，红安县红色文化资源在其生成、发展过程中，也形成了自己独有的特征品质。

1. 地域性

文化的生成都有自己的渊源和传承轨迹，红安红色文化也不例外。作为一种独特的文化硕果，红安红色文化是在红安县的自然地理环境、社会历史、政治文化军事的涵养下形成的，有着极强的地域色彩。具体来说，因为红安县的自然资源非常贫瘠，红安人必须用生命和智慧与残酷的生存条件作斗争，这使红安人具有不畏艰险的坚毅性格和反抗精神；红安县的贯古通今的文风和经世致用的理学精神，在铸就丰富的民间文化和读书传统的同时，也孕育了红安人民敢为人先、不屈不挠的斗争精神；红安县落后的经济条件也使红安人形成了抓住一切机遇谋求发展的乡土文化传统，作为革命战争年代改变命运的最好方式，参军无疑成为红安人的首要选择。正是在以上这些极具有红安县地域色彩的自然、经济、文化的涵养下形成的红安人的性格、品质和思想行为，才使红安人在共产党领导的新民主主义革命实践中，抛家舍命，创造了极具地域色彩的红安红色文化。

2. **独特性**

红安红色文化是共产党领导红安人在长期革命实践中创造的红安精神的具体体现，突出地表现为坚定的革命理想信念、为党为人民甘于牺牲的奉献精神，其创建主体和核心精神都具有极强的独特性。自1923年红安县党组织成立①，红安县就一直处于艰苦卓绝的革命斗争中。为了中华人民共和国的成立，红安人捐粮捐款，抛家舍命。据史料记载，在整个新民主主义革命时期，红安县牺牲了14万英雄儿女，除登记在册的2万多人外②，绝大多数都是无名英雄。而红安县走出的2位国家主席、61位开国将军和一大批骁勇善战的高级将领，不仅是经由红安县自然地理、社会历史、政治、经济、文化、军事养育的杰出人物，更是红安县千千万万革命群众的缩影，是革命战争年代红安人不怕牺牲、敢于斗争的精神的典型代表。在长期革命中形成的“一要三不要”③“一图两不图”④的红安精神，不仅是红色文化精髓的表达，更是红色文化的独特写照。

3. **人民性**

红安红色文化的人民性，不仅表现为它是红安县人民集体创造的成果，在价值追求上是维护人民利益的，而且表现为革命运动的人民性。为了广大人民在政治上、经济上和文化上都得到翻身解放，不仅政治上号召广大人民起来革命，经济上领导广大农民分田分地，而且在思想文化上反对封建礼教和迷信，领导广大妇女争自由、求解放。革命斗争的力量来源是人民群众，比如黄麻起义，虽然是由共产党发起的，但这是一次在没有正规军参与或支援的情况下，由清一色的农民武装举行的起义。物资来源于人民群众，吃的、穿的、用的等都是人民群众给的。人民群众积极参加拥军支前工作。例如：妇女组织了洗衣队、做衣队、做

---

① 1921—1923年，在武汉中学和省会一师读书和工作的黄安籍学生董贤珏等人先后加入共产党。1923年，武汉中学第一批学员将要毕业，学生中的党、团员要回家乡去，鉴于当时黄安县尚未建立党组织，董必武与区委研究决定，先在武汉成立党支部再回县去发展。同年年底，黄安共产党组织在武汉成立。

② 中共红安县委党史办公室.红安开国将军[M].湖北长江出版集团，湖北人民出版社，2007.

③ “一要三不要”：要革命、不要钱、不要家、不要命。

④ “一图两不图”：图奉献、不图名、不图利。

鞋队、送饭队、慰问队、代耕队等。红安黄麻起义成功后，在鄂豫皖边区第一个苏维埃政权成立时，所取的“黄安农民政府”的名称也是为了让人民群众听得懂。

4. **坚韧性**

红安人在中国新民主主义革命时期，无论在革命的高潮还是在革命的低潮时，都矢志不渝，不断将革命向前推进。特别在低潮时，不灰心，不气馁，愈挫愈勇。比如，在黄麻起义后面对敌人惨绝人寰的“十杀令”，烈士们在酷刑面前慷慨赴死，用大无畏精神向人们作最后的革命“宣传”，而这里的共产党员、农民领袖和质朴的乡亲们则喊出“要革命，不要钱、不要家、不要命”的口号。在屠杀最惨烈的日子里，依然有李先念等同志加入共产党，继续革命。在1933年国民党军队对鄂豫皖革命根据地发动的第五次“围剿”中，因敌强我弱，便衣队斗争极其艰苦复杂，长期在深山荒野露营，斗争频繁，粮食供应十分困难，有时连树叶、野菜都无法找到，只得靠剥树皮、挖葛藤根充饥。伤病员的食物和药品供应很困难，有时只得用盐水、南瓜瓤子、烟叶子等为伤病员治疗。尽管斗争条件十分艰苦，但是便衣队员和红军指战员始终斗志昂扬，积极乐观，表现出了坚韧的革命意志和乐观主义精神。

第三节　红安县红色文化资源的地位

红安县是著名的“将军县”，先后被中宣部、共青团中央等部门命名为“全国青少年教育基地”“全国百家爱国主义教育示范基地”“全国优秀社会教育基地”等。这块英雄的土地，备受党中央领导的关注。中华人民共和国成立后，董必武、李先念、乔石、李鹏、李瑞环、刘华清、吴邦国、温家宝、曾庆红、习近平等党和国家领导人曾亲临红安县视察、慰问。国家领导人的关注和省市县三级领导部门的高度重视，为红安县打造红色文化名牌奠定了强大的政治优势。目前，红安红色文化正成为开展爱国主义教育、革命传统教育等活动、发展旅游业、拉动地方经济增长的重要资源。

一、开展爱国主义和革命传统教育的重要依托

红安县具有丰富的爱国主义和革命传统教育资源。其中，七里坪镇是著名的黄麻起义的策源地，中国工农红军第四方面军诞生地，鄂豫皖苏区早期的政

治、军事、经济、文化中心，第二次国内革命战争时期主要的革命根据地之一，也是革命先驱广泛发动群众开展革命斗争和革命宣传活动的重镇。在当时只有约80 000人口的七里坪，有近40 000人参加革命，走出了以陈锡联、郑位三、秦基伟等为代表的将军和省部级干部。邓小平、徐向前等也在这里留下了光辉的战斗足迹，这块英雄的土地为中国革命的胜利做出了不可磨灭的贡献。在革命斗争中形成了“一要三不要”“一图两不图”的红安精神。红安县是湖北省革命传统教育资源最丰富、最集中、最具特色的地方，已被核准确认的重点文物保护单位有208处，其中国家级37处①、省级8处、市县级163处，文物胜地遍布全县，名山秀水甲冠鄂东。为了更好地利用这些红色资源开展爱国主义和革命传统教育，湖北省斥资建成湖北红安革命传统教育学院（2012年7月4日，更名为“湖北红安干部学院”），并与省委党校、省行政学院和其他干部院校相衔接，面向全省、全国开展党员干部教育培训，打造革命传统教育基地，基本国情、省情教育基地和激发广大党员干部革命热情的“加油站”。目前，每年来参观、学习的各类人员近30万人，红安县红色文化资源正成为对党员干部进行革命传统教育的重要依托。

二、开发旅游产业和带动经济增长的重要资源

随着产业结构的调整和生产方式的转变，旅游业作为拉动消费需求的重要产业，日益得到各地政府的重视。在发展旅游业的过程中，不论是自然风光的绿色游、人文历史的文化游，还是革命精神的红色游，各地都毫无例外地进行资源整合，形成旅游精品路线。为应对大幅度增长的旅游需求，红安县进一步完善县区基础设施建设，建成了三大游客服务中心，大力开发体验式旅游项目。红安旅游处于黄冈旅游的第一方阵。全县成功创建AAAA级景区3家（李先念故居纪念园、黄麻起义和鄂豫皖苏区革命烈士陵园、天台山风景区）、AAA级景区2家（七里坪长胜街、陡山吴氏祠）；5星级农家乐3家、4星级1家；省级旅游名镇1个、旅游名村2个、旅游名街1处；省级工、农业示范点各1处。目前，红安县围绕“紧扣两争两创、建设三城三区”的旅游发展思路，坚持用工业的理念谋划文化旅游产业，全县旅游呈现出投资大、项目多、市场旺的良好发展态势。中国红安将军影视城、楼子石野外战场、周八家古村落等一大批影视拍摄基地先后建成并投入使用，《铁血红安》《血符》《李先念》《百姓也是兵》《东方战场》等一批精品力作

① 见1988年1月13日，国务院公布的第三批全国重点文物保护单位名单。

陆续在红安县开机拍摄并走向荧屏。红安元素也为投资商了解红安革命历史和风土人情，投资红安旅游产业带来了新的机遇。红色文化资源正成为红安县旅游产业开发和带动当地经济增长的重要资源。

第四节　红安县红色文化资源的保护、开发和利用状况

红安县是湖北著名的革命老根据地，在这里走出了 200 多名将军和 3 支红军部队[①]，并因为对革命贡献大而被中央以"红"命名。革命胜利后，湖北省和红安县的党政部门都特别重视红安县红色文化资源的保护、开发和利用。特别是近年来，以红安县为中心努力打造湖北省大别山红色文化遗产保护利用示范区，是湖北省文化遗产保护"四片两区一路一水"总体布局中的重要组成部分。为了加大大别山红色文化遗产保护工作力度，湖北省文物局在项目立项、规划编制、方案审批、展览展示、经费争取和整合集中投入等方面，日益加强了对红安等大别山地区的文物保护项目的倾斜和扶持力度。红安县在规划本县的发展时越来越意识到红色文化资源的重要性，并在调查掌握全县红色文化资源状况的基础上，实施了一系列抢救性措施，使红色文化资源在一定程度上得以保护。

一、红安县红色文化资源的保护情况

为了传承和发扬光荣的革命传统，教育广大人民群众和提供研究革命历史的资料，中华人民共和国成立后，湖北省和红安县党政领导多次对红安县红色文化资源进行调查、文物收集、史料整理等，使红色文化资源得到保护。

1. 编写《红安县革命史》

《红安县革命史》一书由红安县党史办公室编写，1987 年由武汉大学出版社正式出版发行。原国家主席李先念为该书题词"缅怀先烈　激励后人"。红安县编写革命史早在 20 世纪 60 年代就已着手进行。1980 年后，红安县委对这项工作非常重视，专门抽调郭家齐、彭希林、肖仁等同志从事这项工作。他们在过去

---

① 石仲泉在《将星灿烂——红安籍将领征战风云录》总序中指出，在这里（红安）先后诞生了 4 支主力部队——红一军、红四方面军、红二十五军和新四军第四支队，还有红安首创的党政军三位一体坚持鄂豫皖 3 年游击战争的便衣队，等等。郭家齐. 将星灿烂——红安籍将领征战风云录[M]. 长江出版传媒，湖北人民出版社，2017：1.

工作的基础上，进一步广泛征集资料，深入调查研究，掌握了大量的史料并分析归纳，用7年多时间编写成书。这本书不仅内容比较丰富，吸纳了许多新鲜材料，而且史论结合，具有一定的可读性。《红安县革命史》的出版使红安县的革命历史得以以文字的形式系统地向人们展现。

2. 征集革命文物和建设博物馆

中华人民共和国成立后，红安县党政领导一直重视革命文物的保护工作。1957年7月，红安县委发出《关于收集革命历史文件、文物、书刊的通知》。同年10月，人民委员会组织文物普查工作组，在全县范围内开展了第一次大规模的文物普查工作，除了初步认定一些革命遗址、遗迹外，还征集到革命文物近千件，并在县文化馆首次举办了“红安县革命文物展览”。同时，在董必武关于“红安人为革命做出了巨大贡献，牺牲了无数先烈，修个烈士陵园，建个博物馆”的倡导下，红安县克服一切困难，于1961年底在红安县城东北的黄麻起义和鄂豫皖苏区革命烈士陵园内建成红安革命博物馆。红安革命博物馆是继瑞金中央革命根据地历史博物馆、延安革命纪念馆之后的第三个县级博物馆。馆内陈列了有第一次国内革命战争时期、第二次国内革命战争时期、抗日战争时期和第三次国内革命战争时期4个时期的文物，各时期文物展现都有图片、实物、模型和说明。

为纪念黄麻起义80周年，2004年，时任湖北省委书记的俞正声提议，要把红安县建设成为“湖北省最重要的革命传统教育基地”。随后，黄麻起义和鄂豫皖苏区革命烈士陵园也开始了改造工程。在改造中，革命历史博物馆被拆迁，在陵园中新建了黄麻起义和鄂豫皖苏区革命历史纪念馆。考虑到红安县不仅有厚重的革命历史，还有其他丰富的文化资源，在红安县城关镇四马山村新建了红安县文化中心和红安县博物馆。目前，红安县博物馆还未布展和对外开放。

3. 革命历史遗址的保护规划

红安县政府非常重视革命遗址的保护规划，不论是新建、改建、扩建还是大型的工业立项，都优先考虑革命历史遗址，所有的建设不准对这些遗址有任何破坏。现在全县革命历史遗址100多处无一受损，红安县委、县政府和城市规划主管部门多次进行研究讨论，制定了多项措施，加强管理，并将革命历史遗址纳入总体规划保护，对遗址周围的通风、采光、排水等要求制定明文规定。对国务院列为重点保护单位的遗址遗迹更为重视，实行综合管理，除民政、文物部门具体负责外，要求城市规划部门专门制定规定，加强规划保护，对确实需要建设的工程项目，反复研究，采取各项措施，不准破坏地貌和遗址建筑；对个人和部门的住宅、门店、临时建筑物，规划部门坚决实行红线和面积控制，凡违反有关规定的实行强制拆除。在红安县政府的重视、规划下，红安县革命遗址保护较完整。

4. **申报公布文物单位和文物修缮保护**

对于不可移动的红色文化资源，如一些具有重大纪念意义的建筑、遗址等，严格按照《中华人民共和国文物保护法》的要求，把一些保存较好，在鄂豫皖革命根据地发展历史上有重大意义的建筑、遗址申报公布为各级文物保护单位。湖北省文物局高度重视并积极指导董必武故居、红二十五军军部旧址等红色遗产的保护维修与合理利用工作，在文物保护方案批报、保护规划编制、经费申请等方面给予了全力支持。在湖北省文物局的积极争取下，国家文物局对《红安县红色文物保护工程方案》及时批复并安排了专项补助经费。董必武故居文物保护工程是国家重点工程，红二十五军军部旧址文物保护工程是省级重点项目。

5. **实施资料保护**

以红安县七里坪镇为中心的鄂豫皖苏区（又称为鄂豫皖革命根据地）是新民主主义革命时期众多苏区中的重要一块，因为当时它是仅次于中央苏区的第二大革命根据地。但是，鄂豫皖苏区史料却很少，原因主要有：

（1）相较于中央苏区，鄂豫皖苏区不平静的时候更少，导致许多资料保存下来的比中央苏区少。

（2）中央苏区的工作很多是毛泽东同志亲自总结的。鄂豫皖苏区的工作总结不完整。

（3）在鄂豫皖苏区“肃反”以后，留存下来的早期革命知识分子和干部较少，导致中华人民共和国成立后能找到作口述记录的人很少，因而鄂豫皖苏区的历史研究举步维艰。尽管如此，湖北省和红安县党政领导非常重视鄂豫皖苏区革命史料的寻访、整理与研究工作。1958 年夏，在中共湖北省委宣传部的领导下，中国科学院武汉哲学社会科学研究所历史组，中共第五中级党校及武大历史系的同志共 100 多人，在湖北红安县七里区①进行了 3 个月的革命根据地史料调查，并收集整理口述资料。

红安县成立了党史（革命史）工作委员会，由书记挂帅；七里区委成立了党史

① 1949 年为七里区，1958 年改为公社，1984 年建七里坪镇。

调查委员会，由书记挂帅，还成立调查研究小组，具体领导开展调查工作。各乡党总支及农业社支部，或成立调查小组，或指定专人负责。在湖北省红安县党政的重视下，一些文物资料，如战斗遗址、有纪念意义的建筑等，都得到了一定的保护。此外，也对一些从鄂豫皖苏区走出去的革命元老，如徐向前、郑位三、郭述申等进行访谈，并将口述记录存档于相关档案馆及党史办。

二、红安县红色文化资源的开发和利用情况

红安县这块红色的土地是红色文化资源的宝库。这块红色土地的形象、功绩以及她的传奇经历都是具有世界意义的文化遗产，正如叶君健先生所指出：红安这块神奇的土地具有世界意义，即具有可供全世界研究的价值。开发和有效利用红安县红色文化资源，尽快让红安县的红色文化遗产活起来，尽早发挥社会效益，具有重要的历史意义和现实意义。

为尽快让红安县红色文化资源发挥社会效益，红安县制订了《红安红色文化资源开发规划》(以下简称《规划》)，指导红色文化资源开发。《规划》分“概况”“资源分布”“项目发展目标和任务”“加快红色文化工程开发的主要措施”“组织领导”5个部分。《规划》确定将红安红色旅游以“中国第一将军县·荆楚最美山水乡”为品牌形象定位，以将“星璀璨·传奇红安”“古韵悠长·文化红安”“山水神秀·悠然红安”“画境美村·乡土红安”作为主导旅游产品进行开发。

此后，红安县多次邀请高水平的专业技术团队对众多红色文化资源进行整合研究，以红色文化遗产展示和利用为主线，通过组织实施文物保护修缮和展示工程，体现红安的革命传统和历史脉络，彰显红安文物的鲜明特点和独特魅力，全面提升红安县红色文化资源的影响力，在继承和弘扬革命先辈革命精神的同时，为区域社会经济发展做出贡献，努力打造大别山红色文化遗产保护利用的示范区。在各级政府的重视下，红安县红色文化资源的利用方面已取得如下进展。

1.依托红安县红色文化资源，兴建湖北红安干部学院

为传承好、利用好和弘扬好红安县最丰富、最集中、最具特色的湖北革命传统教育资源，根据时任中共中央政治局委员、湖北省委书记俞正声同志提议，2004年8月27日，湖北省委召开专题常委会议，做出“把红安建成全省最重要的革命传统教育基地”的决定，提出配套兴建湖北红安革命传统教育学院，作为全省干部教育的重要阵地、青少年教育的重要课堂、广大干部群众接受教育的重要场所。2007年11月13日，全国政协副主席张思卿、湖北省委书记罗清泉为学院

揭牌。2012 年 7 月 4 日，湖北省机构编制委员会文件批复学院更名为“湖北红安干部学院”，加挂“湖北组织干部学院”牌子。

湖北红安干部学院是中组部确定的全国 14 家“地方党性教育特色基地”之一，同时也是国防大学教学基地，国家行政学院党性和公仆意识教育基地。学院位于红安县迎宾大道，占地面积约 311 亩，建筑面积约 28 800m^2，共有学员宿舍单、标间 310 间，同期可容纳学员 280 名左右。现为省委直属副厅级事业单位。学院内设办公室、教务处（教研室）、学员组织处、后勤保障处。2007 年 3 月 26 日，学院正式开班，截至 2017 年 12 月 31 日，共举办各类培训班 831 期，培训学员 63 465 人次。其中面向全省组工干部，以基本素质、基本知识、基本能力和基本实情为主要内容，进行任职培训、岗位培训和专题培训，举办各类组工干部培训班 131 期，培训学员 11 034 人次。

学院办学的功能定位为：对全省副县处级以上领导干部进行党性教育和革命传统教育，是增强党性的“大熔炉”、弘扬革命传统的“加油站”、防止四大危险的“防疫站”、促进科学发展的“服务站”；对全省组织系统干部进行教育培训，是组工干部能力素质提升的重要基地、组织工作改革创新研究的重要平台、推进组织工作的重要阵地、组织系统对外交流的重要窗口。学院对外影响和交流日益扩大。与中浦院、中井院、中延院、中组部全国组织干部学院以及其他省级干部培训机构广泛开展了办学经验交流或教学合作等。截至 2017 年 12 月底，累计接待教学交流团队 180 批次，共 4261 人次；接待外宾来访 55 批次，其中包括接待美国前总统卡特等。

学院的奋斗目标是“立足湖北，走向全国，面向世界”，走可持续发展之路。立足湖北，就是要整合全省革命传统教育资源为我所用，认真完成省委组织部下达的调训任务。走向全国，就是要依靠一流的教学质量和后勤服务，力争把学院建设成为全国一流的干部教育培训机构，与国家级、各省级干部培训机构实现合作、互补。面向世界，就是要学习借鉴国外先进培训理念和实践经验，以多种形式加强对外交流。

2. 发展影视文化产业，打造红色文化资源品牌

任何类型的旅游胜地的特色都源于当地特有的文化。自然景观的旅游胜地也不例外。它不是一夕之间突然呈现在游人面前的，而是历经游人的发现、想象、创造、传播，因而自然景观更加神奇、更加让人赏心悦目。这里面就蕴藏着大量的文化资源。红安县文化资源内容十分丰富，除了有产生于土地革命、抗日战争和解放战争时期的民舞、民间曲艺、民间戏剧、民间文学等为广大人民群众喜闻乐见的艺术形式外，还有大量产生于革命战争年代的民间传奇故事；除了如红安八景、天台十景、洞龙书院、天窝书院、双城塔、桃花洞、驷马山等自然风光和倒水河竹排运输等乡风民俗外，还有已经建设成型的烈士陵园、长胜街、名人纪念馆等物质形态的文化资源。为了把这些文化资源开发出来并提炼、打造为集可视性、可感性、回味性于一体的文化产品，红安县着力在实施的旅游项目中体现一个“红”字，如七里坪长胜街“红色激情”一日游、李先念故居纪念园一日游、“寻访将军故居”两日游、铜锣民谣《两百个将军同一个故乡》巡回展、大型现代楚剧《风雨情缘》、民俗风情歌舞《绣山情》、大型红色歌舞晚会《红安魂》、大型民俗风情情景剧《鄂豫皖边区民俗风情之夜》；再如除编辑出版《经典红安》红色之旅系列丛书外，还特别重视发展影视文化，打造以将军文化为核心的红色文化资源品牌。

随着红安县围绕“聚力打造红色品牌，争当跨越发展代表作，争做双强双兴示范县”的战略定位，扎实推进文化旅游发展，其文化产业发展如雨后春笋，呈现出蓬勃发展的势头。2010 年，深圳市盛世时代文化传媒有限公司与红安县合作，创作、拍摄 40 集近现代革命题材电视连续剧《铁血红安》。《铁血红安》是以红安籍将军群像为原型塑造的一部关于我国开国将军的故事，力求将红安籍开国将军们可歌可泣的革命英雄事迹表现出来、弘扬开来。2012 年，红安县在城关镇驷马山村启动红安文化中心建设。该中心包括红安大剧院、博物馆、文化馆、工人文化宫、青少年活动中心等项目。随着《铁血红安》的热播，媒体、游客、红安群众纷至沓来，交通、餐饮、住宿等服务业成为红安经济增长点，为红安县影视文化产业增加了一个个新亮点。中国将军影视城、楼子石野外战场、周八家古村落等一大批影视拍摄基地建成并投入使用，将红安红色文化元素融入影视作品，为红安红色文化品牌创建带来了新机遇。

3. 设计经典红色旅游线路，开发红色旅游衍生产品

为了更好地宣传、利用红色革命文化，打造红色文化精品，红安县积极探索红色文化和红色旅游的有机结合，初步形成了以点带面、以面促点的红色文化开发思路。具体来说，一方面以黄麻起义和鄂豫皖苏区革命烈士陵园为中心向四周辐射，带动全县的红色旅游；另一方面，利用红安县红色文化资源大造声势，使游客无论从何处入境，都能感受到浓厚的红色文化氛围，如充分整合并利用如此有代表性的红色文化资源，以增强红色旅游产业中的文化内涵，使旅游产业具有迷人的魅力和长久的生命力，更好地为全县经济建设服务。

目前，红安县已从3个方面参与打造红色旅游经典景区：

(1)整合“百里红色长带”。采取完善配套设施、提升布展品位等措施，将在县南高桥镇庙嘴湾村以昔日的陂安南县苏维埃政府为中心的革命遗址群及以黄麻起义和鄂豫皖苏区革命烈士陵园为中心的革命遗址群，整合成气势恢弘的红色旅游风景线，形成“百里红色长带”。

(2)唱响“两百将军品牌”。采取修通乡村公路、整修将军故居、整理将军故事等措施，将陈锡联、韩先楚、秦基伟等223位将军的故里打造成红色旅游经典品牌，以满足广大游客寻访将军足迹、探寻将军故里的心理需求。

(3)开发“三座红色名山”。通过多方筹资、引资，大力开发董必武、邓小平、刘伯承、李先念、徐向前、刘华清曾经战斗过的天台山、九焰山和李先念故居门前的红马寨。同时利用讲述红安历史、民俗风情的文艺节目在各景区举办有地方特色的流动演出，做到寓教于乐、寓智于乐，使红色旅游与绿色旅游相互促进、相得益彰。

在打造红色旅游经典线路的同时，红安县也致力于红绿资源整合，通过地理性标签保护，开发红色旅游衍生产品，比如红安大布。红安大布是革命老区红安县民间手工制作的一种纯棉纺织珍品，有数百年的历史，是具有红安特色的乡土礼品。战争年代一般用大布为红军将士制作军服被单，曾涌现过男将在前方打仗、女将在后方织布送衣的动人情景。解放后，很多将军仍然喜欢使用家乡的粗棉大布制作床单、衣服，比如韩先楚将军在北京仍然使用家乡的红安大布制作床单等生活用品。在湖北省红安县人民政府印发的《关于拟界定红安大布地理标志产品保护范围的函》中，红安大布的使用地理范围为湖北省红安县太平桥镇、八里湾镇、觅儿寺镇、高桥镇、上新集镇、二程镇、城关镇、杏花乡、永佳河镇、七里坪镇、华家河镇、火连畈茶场等现辖行政区域。除了红安大布外，红色旅游衍生产品还有红安花生、永河皮子、老君眉茶、红安将军菜、红安苕、红安煨葫芦、红安板栗、红安臭皮子等。

第四章 思想政治教育专业实习的教学内容

专业实习是为即将毕业的思想政治教育专业本科学生设计的实践教学课程，也称为毕业实习，一般安排在大学三年级的暑假进行，总时长4.5周，其中依托红安基地在校外展开实习时间为4周，在校内开展时间为0.5周，计4.5学分。依托红安基地的实践教学要想取得良好的教学效果，最重要的就是要安排好教学内容。教学内容是教学目的实现的重要保证。实习教师需要做好顶层设计，制定好方案，规划好线路，为教学活动的开展提供方向性、程序性、操作性指导，增强教学活动实施的针对性、实效性。专业实习的教学内容主要由如下五大板块构成。

第一节 部门实习工作任务和内容

专业实习的内容，首先是做好一个部门的工作。这一部分的实习内容主要在由红安县县校合作服务中心统一安排实习工作部门开展。实习地点主要在红安县档案馆内基地办公室，也包括宣传部、党史办公室、县志编纂委员会办公室、旅游局、国土资源局、文化中心、博物馆等相关部门。主要工作任务由具体实习单位安排与分配。在红安县档案馆所进行的实习任务主要是相关档案资料的整理与数字化，其他单位主要是结合思想政治教育专业，给学生安排党建、外宣、资料整理等方面的工作。

一、教学任务

(1)通过参与实习部门的相关工作，初步了解职场和社会，并养成良好的职业道德和职业素养。

(2)通过参与实习部门的相关工作，在具体的业务工作中，把课堂所学理论知识运用于工作实践中，增强理论与实际相结合的能力。

二、主要教学内容

(1)岗前培训。由实习单位分管领导对参加本部门实习实训的学生进行工作纪律、职业道德方面的培训,并针对学生所从事的不同业务,分组指定业务经验丰富的工作人员为实习指导老师。

(2)业务工作。主要根据实习单位的工作需要,由实习单位指派的实习指导老师具体安排工作内容。比如,红安县档案馆的主要工作包括相关档案资料的归档整理、条目编写、文字的数字化录入、文献资料的装订、图书资料上架等,每一个环节的具体工作,都由档案馆指定相应的工作人员担任指导老师,进行具体的业务指导。

三、主要的实习部门和场所

主要的实习部门和场所如图 4-1 所示。

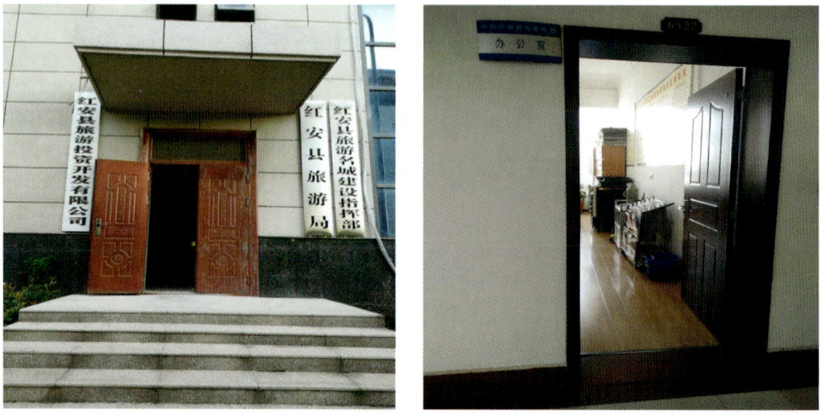

图 4-1　主要的实习部门和场所(赵岩 摄,2017)

第二节　现场教学路线和内容

红安县丰富的红色资源概括起来大致包括“人、物、事、魂”4 个方面。“人”是指在历史上有着一定影响力的革命志士和革命先烈;“物”是指革命志士或革命先烈所用之物,以及他们生活和战斗过的革命旧址和遗址,也包括他们的纪念场馆;“事”是指有着重大影响力的革命活动或历史事件;“魂”是指革命斗争中培育形成的革命精神。依托红安县思想政治教育实习实训基地,专业实习在教学内容上的安排为:要求走访一个对象,通过革命传统现场体验式教学,具体感受红安县的红色土地、红色人物、红色政权、红色军队和红色革命精神等。

本部分的教学目的主要有:

(1)通过现场体验式教学,帮助学生了解鄂豫皖革命历史,了解红安人对中国革命的贡献,了解红安对中国革命的意义。

(2)引导学生观察并思考红安红色文化的内涵、类型、分布和特质。

(3)引导学生深入思考中国革命精神及其当代价值,以及如何“把红色资源利用好、把红色传统发扬好、把红色基因传承好”。为达成教学目的,根据红安县红色文化资源分布的具体情况,本部分的教学内容主要从 4 条路线和 4 个主题展开。

路线一：以县城为中心的城关镇地区

城关镇位于红安县城区，食宿、交通都很方便。城关镇的代表性红色文化资源有黄麻起义和鄂豫皖苏区革命烈士陵园（图 4-2）、黄麻起义和鄂豫皖苏区革命烈士纪念馆、董必武纪念馆等。

1. 教学主题

考察鄂豫皖苏区革命历史的纪念场馆。

2. 教学重点

（1）鄂豫皖革命历史及其在中国新民主主义革命中的贡献。

（2）黄麻起义及其在中国新民主主义革命中的地位。

（3）对鄂豫皖苏区革命时期的史料、实物进行考察、收集和研究。

3. 教学场点

No. 1　黄麻起义和鄂豫皖苏区革命烈士陵园

图 4-2　黄麻起义和鄂豫皖苏区革命烈士陵园（杨志宏 摄，2017）

场点描述：黄麻起义和鄂豫皖苏区革命烈士陵园（图 4-2）坐落于红安县城东北稞子山上，它是为了纪念在黄麻起义和鄂豫皖苏区革命根据地斗争中牺牲的烈士，让后人记住那些为了革命事业而献身的人民英雄的丰功伟绩而兴建的。主要建筑物有“一碑、两场、两园、五馆”：黄麻起义和鄂豫皖苏区革命烈士纪念碑、纪念碑广场、历史纪念馆下沉广场、将军墓园、老红军墓园、黄麻起义和鄂豫皖苏区革命历史纪念馆、黄麻起义和鄂豫皖苏区革命烈士纪念馆、董必武纪念馆、李先念纪念馆、红安将军馆。它集中体现了革命先烈不怕苦、不怕累、不怕牺牲、艰苦奋斗的精神，是广大人民群众缅怀先烈、感受历史、陶冶情操的圣地。

革命烈士纪念碑（图 4-3）坐北朝南，宫殿式的塔顶为钢筋水泥结构，碑身高 27.11m，纪念碑正面镶嵌的汉白玉石上是时任中共中央主席、国务院总理、中央军委主席的华国锋题写的碑名："黄麻起义和鄂豫皖苏区革命烈士纪念碑！"碑身两侧还镌刻着董必武、叶剑英、李先念、徐向前等不同时期的题词。碑座正面塑有五星碑徽，台座正中为汉白玉塑成的花环，左、右分别嵌有再现黄麻起义和苏区军民坚持武装斗争、保卫苏维埃政权的浮雕，碑座前刻有中共湖北省委省政府撰写的碑文。碑身两旁竖立的两座大型塑像，雕塑形象逼真，气势磅礴，左边塑的是一位身背大刀、高举铜锣的武装农民，象征黄麻起义；右边塑的是高擎钢枪、奋勇前进的红军战士，象征着根据地军民坚持武装斗争、勇敢地与敌人艰苦搏斗，寓意革命先烈英勇无畏的精神万世长存。

图 4-3　黄麻起义和鄂豫皖苏区革命烈士纪念碑（杨志宏 摄，2017）

黄麻起义和鄂豫皖苏区革命历史纪念馆(图 4-4)是经中共中央宣传部和湖北省委批准兴建的,2006 年 5 月 28 日奠基,2007 年 11 月 13 日(黄麻起义 80 周年纪念日)正式对外开放。占地面积 $3780m^2$,建筑面积 $6200m^2$,展览面积 $5000m^2$。

历史纪念馆位于红安县黄麻起义和鄂豫皖苏区革命烈士陵园中心位置,坐北朝南,背靠将军墓区,面向广场,建筑采用对称布局、稳重有力,中部为序厅和交通,后部为弧形景观厅,两侧分别设展厅。建筑为 3 层,高 22m,中间 3 层为方形坡屋顶,用绿色琉璃瓦铺面,两翼 2 层为平顶屋面,建筑布局为"品"字形。馆内有 5 个出口,东、西各两道门与陵园内其他 4 座纪念馆道路连通。正面是高 3.8m、宽 11m 的仿古紫铜门,立面墙采用灰色磨光面花岗岩平板、弧形板和蘑菇石干挂装饰与大小不等长条形窗户组合,远看好像是一座古城堡,经过战争残留的枪炮弹孔,呈现出充满革命激情的建筑风格,既有中国古园林建筑的神韵,又有现代建筑的特点,是陵园内体量最大、外观最雄伟壮美的标志性建筑,成为陵园"一碑五馆"中的亮点。

黄麻起义和鄂豫皖苏区革命历史纪念馆展出文物 645 件,照片 766 张,艺术品 33 件(组),以序厅大型雕塑《大别雄风》开篇,以尾厅《将军摇篮》结束,将整个展览推向高潮。历史纪念馆陈列按照历史时间顺序,生动地展现了鄂豫皖革命根据地土地革命斗争时期,10 年红旗不倒的悲壮历程及其所体现的革命英雄主义精神,突出了黄麻起义和鄂豫皖苏区在中国新民主主义革命斗争时期的历史地位和作用,既是中国共产党领导人民革命武装斗争的重要发祥地、中国工农红军的重要诞生地,又是中国共产党培养和造就治党、治国、治军杰出人才的重要基地。

黄麻起义和鄂豫皖苏区革命历史纪念馆的主体陈列内容分为 6 个单元展开:

第一单元《黄麻惊雷》:湖北黄麻地区在党的领导下举行了声势浩大的黄麻起义,建立了黄安县农民政府和组建了工农革命军,走上了工农武装割据的道路,开创了鄂豫皖边界地区第一块革命根据地——鄂豫边革命根据地的历史。

第二单元《商南烽火》:河南商南地区。展现了在黄麻起义和鄂豫边革命根据地斗争的影响下,中共商(城)、罗(田)、麻(城)特别区委发动了商南起义,建立了中国工农红军第十一军第三十二师,开辟了豫东南革命根据地的历史。

第三单元《皖西烈焰》:安徽六霍起义和请水寨起义。展现我党分别组建了中国工农红军第十一军第三十三师和工农革命军潜山独立师,两支部队协同作战,共同开辟皖西革命根据地的历史。

第四单元《赤区新貌》:展现鄂豫边、豫东南、皖西三块革命根据地基础上形成鄂豫皖革命根据地的过程，以及根据地内土地革命和政治、经济、文化等各项建设的情况。

第五单元《鏖兵大别》：红四方面军的诞生和根据地的建设与发展。展现了根据地军民在同强大的敌人展开 4 次反"围剿"斗争中，连续取得 3 次反"围剿"斗争的胜利，创建了面积达 4 万 km^2，拥有 350 万人、26 个县的红色政权，成为仅次于中央苏区的鄂豫皖革命根据地的历史。

第六单元《浴血孤旅》：展现红四方面军主力因第四次反"围剿"斗争失利，被迫西征后，红二十五军重建与根据地人民并肩作战，继续开展反"围剿"斗争，坚持根据地斗争近两年实行了长征，成为最先到达陕北的红军长征队伍；红二十五军长征后，红二十八军重建，在根据地坚持艰苦卓绝的 3 年游击战争及部队奉命改编为新四军第四支队，开赴皖中、皖东抗日前线的历史。

黄麻起义和鄂豫皖苏区革命历史纪念馆科学运用多样新颖的声、光、电、幻影成像、场景复原、半景画、大型沙盘模型、置景等艺术手段与形式，从形式上、视觉上给人以心灵的冲击，达到吸引人、教育人的效果，充分展现了鄂豫皖革命根据地"英雄的山—英雄的人民—英雄的业绩—英雄的精神"。

图 4-4　黄麻起义和鄂豫皖苏区革命历史纪念馆（杨志宏 摄，2017）

陵园内最触目惊心的是镌刻着英烈姓名的革命烈士墙(图 4-5)。在新民主主义革命时期,红安人为中华人民共和国的成立献出了 14 万人的生命,而记录在册的英烈只有 2.2 万余人,绝大多数都成为了无名英雄。在烈士陵园的骨灰堂和烈士墓地中,存放了建国后病逝的红安籍老红军和在社会主义建设时期为祖国牺牲的战士们的骨灰,共有 200 多个。在骨灰堂的后山顶上,安葬着吴焕先、蔡升熙、沈泽民等革命烈士,以及郑位三、韩先楚、秦基伟、罗厚福、夏世厚、程儒珍等建国后病故的老革命家。

图 4-5　黄麻起义和鄂豫皖苏区革命烈士墙(杨志宏 摄,2017)

教学资料:

黄麻起义了不起

中国共产党成立后,黄安(今红安)、麻城两地即逐渐有了共产党的影响和活动。1925 年秋冬,随着大革命的发展,黄安城的共产党员和青年团员以个人资格加入国民党,成立了国民党黄安县党部。随着党、团组织的发展,1927 年 4 月,中共黄安县委员会、中国共产主义青年团黄安县委员会成立,在县委和团县委的领导下,保证了党在农民革命中的领导地位。1927 年 9 月,中共黄安、麻城两县委根据中共中央"八七会议"精神及中共湖北省委的指示,举行了九月暴动,但由于缺乏领导农民暴动的经验,没有认识到在农民暴动的基础上建立革命政权,在农民自卫军和义勇队的基础上建立正规的工农革命军的现实意义和战略上的重要性,因而没有能够以更鲜明的旗帜把农民群众的斗争提高到一个新的水平,走上武装夺取政权的道路,以至于国民党军向黄安农民武装进行镇压时,中共黄安县委拿不出一个针对性的斗争计划，致使九月暴动暂时处于停滞状态。

同年 10 月中旬，中共湖北省委得知黄安、麻城两县尚有相当数量的武装力量和很好的群众基础，遂先后派符向一、刘镇一、吴光浩、王志仁等到黄麻地区加强对起义的领导，成立了以符向一为书记的中共黄麻特别区委员会（简称黄麻特委），组成了以潘忠汝为总指挥的黄麻起义指挥部，积极作起义准备。11 月 3 日，黄麻特委在七里坪召开会议，决定以黄安、麻城两县农民自卫军为骨干，配合群众武装，首先夺取黄安城。11 月 13 日，黄麻起义爆发。当天，黄麻特委调集黄安农民自卫军全部人员、麻城农民自卫军，及七里、紫云等区千余精锐义勇队，组成攻城部队，与先期打进黄安城内的 12 名农民自卫军队员组成的尖刀班里应外合。起义军在农民群众的积极配合下，于当夜 10 时，自七里坪向黄安城进发。麻城农民自卫军另一个排留在黄安、光山，麻城交界的北界河负责警戒，以防河南红枪会的进犯。14 日凌晨 4 时，起义武装在城内群众的配合下一举攻入城内，全歼县警备队，活捉县长等官吏，打开监狱，释放了全部在押的共产党员和革命群众。18 日，黄安县农民政府宣布成立，曹学楷任主席。之后，黄麻特委又将参加起义的黄安、麻城两县农民自卫军编为中国工农革命军鄂东军（简称鄂东军），全军有 300 余人。12 月 5 日，国民党军夜袭黄安。鄂东军遭受重大损失。突围后的鄂东军除部分人员留在当地坚持斗争外，其余的 70 多人于 12 月 29 日转移到黄陂县境内的木兰山区开展游击战争。1928 年 1 月 1 日，工农革命军鄂东军改编为第七军，部队以木兰山为中心开展游击战争。黄麻起义后，工农革命军鄂东军辗转各地开展游击战争，随后开辟了以柴山保为中心的鄂豫边革命根据地。1930 年春，鄂豫边、豫东南、皖西 3 块根据地连成一片，形成了鄂豫皖革命根据地，是全国六大苏区之一，成为仅次于中央根据地的第二大革命根据地。

黄麻起义是继中国共产党领导的南昌起义和秋收起义之后，在长江以北地区首次举行的规模最大的、第一次完全意义上的农民武装起义。它没有党领导的正规军队参加，也没有工人武装参加，完全是清一色的农民武装，这是黄麻起义区别于南昌起义、秋收起义和广州起义最大的不同之处。黄麻起义奠定了鄂豫皖革命根据地的初始基础，也是川陕革命根据地的历史起点。在黄麻起义及其后鄂豫皖革命根据地的斗争中，黄安走出了 3 支红军部队[①]。第一支是 1931 年 11 月 7 日在黄安县七里坪成立的中国工农红军第四方面军（简称红四方面

① 石仲泉在《人杰地灵——红安名人与大事聚焦》的总序中认为，在红安先后诞生了 4 支主力部队——红一军、红四方面军、红二十五军和新四军第四支队。郭家齐. 人杰地灵——红安名人与大事聚焦[M]. 长江出版传媒，湖北人民出版社，2017：1.

军)，第二支是1932年11月30日在黄安县檀树岗重建的中国工农红军第二十五军，第三支是1938年2月红二十八军在七里坪改编的新四军第四支队。黄麻起义同时也培养了一大批杰出的革命人才。其中从黄麻起义走出的党和国家的领导人有4位，开国将军有25位。而作为黄麻起义策源地的黄安县，则不仅是鄂豫皖革命根据地的中心区域和红四方面军的诞生地，而且培养出了董必武、李先念两位共和国主席和61位开国将军。黄麻起义在中国革命史上写下了独特而光辉的一页。

（资料整理人：赵金金）

No. 2　黄麻起义和鄂豫皖苏区革命烈士纪念馆

场点描述：黄麻起义和鄂豫皖苏区革命烈士纪念馆(图4-6)位于烈士陵园内，毗邻黄麻起义和鄂豫皖苏区革命历史纪念馆。该馆占地面积为4670m^2，建筑面积为3200m^2。馆名由徐向前亲笔题写。馆房为古典庭院式结构，长廊环绕，飞檐碧瓦。馆内分设序厅和烈士陈列室两部分。其中，烈士陈列室分《革命先导》《起义英雄》《大别忠魂》《天台铁骨》《西征壮士》《民族脊梁》共六大部分，展出了263名著名烈士的事迹简介、烈士遗物、照片、诗抄和雕塑。纪念馆着重展现了在自1923年黄安县建立党组织至1949年全国解放长达26年的红旗不倒的艰苦卓绝的斗争中牺牲的烈士们的精神风貌和光辉业绩。此外，还藏有国内著名的书画家为该馆所作的书画作品100多件。

图4-6　黄麻起义和鄂豫皖苏区革命烈士纪念馆(杨志宏 摄，2017)

No. 3　董必武纪念馆

场点描述：董必武纪念馆（图 4-7、图 4-8）位于黄麻起义和鄂豫皖苏区革命烈士陵园内，占地面积为 5800m²，建筑面积为1370m²，是一座具有民族风格的仿古建筑物，是由中共中央批准用于专门展出董必武生平业绩的专题纪念馆。正门院内安放着董必武半身铜像，花岗岩基座上刻有邓小平题写的“董必武纪念像”。基座后面是董必武和夫人何连芝骨灰合葬墓。墓后是用红、黑两色花岗岩石垒起的屏风墙，墙面镌刻着著名书法家启功先生书写的、由红安县委、县政府撰文的“董必武同志生平”。

图 4-7　董必武（来自董必武纪念馆展示图片）

图 4-8　董必武纪念馆（杨志宏 摄，2017）

教学资料：

革命的播火者董必武

董必武（1886 年 3 月 5 日—1975 年 4 月 2 日），原名董贤琮，又名董用威，字洁畬，号壁伍，湖北黄安（今红安）人。中国共产党的创始人之一。曾任中共中央南方局副书记、中共重庆工委书记、中共中央财经部长、华北局书记、华北人民政府主席。中华人民共和国成立后，历任中央财经委员会主任，政务院副总理，政务院政法委员会主任，最高人民法院院长，全国政协副主席，中共中央监察委员会书记，中华人民共和国副主席、代主席。1975 年 1 月任第四届全国人大常委会副委员长。曾任中共六届中央委员，第七、八、九届中央政治局委员，第十届中央政治局常委。

青年时代的董必武亲眼目睹了民生凋敝、清政府腐败无能、国家遭受列强抢占分割、中华民族处于崩溃边缘的国情。与其他同时代的进步知识分子一样，董必武积极投入了寻求改革中国社会和改变人民命运的洪流。1911 年，董必武参与了辛亥革命，并在黄安县开办“妇女讲习所”，倡导妇女放足、男子剪掉辫子，宣扬革命思想，组织黄安县妇女边劳动、边识字。1914 年，董必武在东京私立日本大学学习法律，并加入孙中山先生重建的中华革命党。1915 年回国参加反对袁世凯称帝的活动，两次被捕入狱。1916 年董必武回到日本继续学业，1917 年学成归国后，以与同窗旧友张国恩在武昌合办的律师事务所为掩护，在上海从事革命活动。1919 年初，董必武结识了李汉俊。在认真研究了俄国十月革命后，认定中国革命必须走俄国十月革命的道路。1920 年，董必武回到武昌，与张国恩、李汉俊一起着手创办武汉中学，决定从这里开始传播马克思主义，播散革命火种，为一场更为彻底、更为正确、更适合中国的革命作准备。

董必武为武汉中学的创办倾注了巨大心血。他亲自选定校址校舍，筹措开办经费，解决办学基金，提议董事长和校长人选。1922 年，董必武利用自己在军事活动中募集到的经费，建立武汉中学二部，扩大办学规模。为了吸纳更多的寒门子弟和青年学子到武汉中学接受革命思想和启蒙，董必武为学校制定最低学费标准，教职员只拿底薪甚至不拿薪酬；允许男女合校，女生享受与男生完全平等的受教育权利；成立学生会和班会，倡导学生自治，培养学生的劳动意识和勤俭意识；鼓励学生多多关注国内外大事，阅读中外书籍，增长见识，培养学生的民族意识和责任心。他将《共产主义 ABC》《资本论入门》《新青年》《湘江评论》等杂志推荐给师生们阅读，还指导武汉中学的师生创办《武汉中学周刊》，作为学习和宣传马列主义的园地；并请李汉俊、恽代英和刘子通等到学校讲授社会主义问题，等等。

1920 年，董必武与张国恩、陈潭秋、刘伯垂等人一起创立了武汉共产主义小组。几乎同时，武汉中学也建立武昌社会主义青年团(1922 年改为武汉社会主义青年团)，当时在武汉中学读书学习的很多年轻人，都加入了武汉共产主义小组。1923年冬，董必武在武汉中学成立党的黄安工作组，吸纳黄安籍学生加入。1921—1923年间，董必武曾3次回到家乡黄安县传播马列主义，宣传党的主张。同时，董必武也要求武汉中学学生，尤其是黄安、麻城两县的学生，在假期都要回乡宣传反帝反封建的思想，播散革命火种。他亲自教学生接近和发动群众的方法和技巧，学生们也按董必武的要求，走街串巷，四处奔走，将自己在武汉中学、武汉共产主义小组、武汉共产主义青年团所学的知识、所接收的思想、所见到的世界，讲给家乡百姓听。他还在黄安县创办了平民学校，宣传党的主张，宣传反帝反封建思想，传播马列主义。

1927年，根据“八七会议”精神，董必武指示黄安党委要组织并做大做好武装暴动。在黄安党委的领导和组织下，黄麻起义如破竹之势爆发，从此揭开了鄂豫东红色革命的序幕，并为之后的革命发展做出巨大的贡献。虽然董必武因躲避国民党的搜捕而没有亲临黄麻起义，但毫无疑问，董必武是黄麻起义的播火者，影响了鄂豫皖革命根据地的革命进程，乃至整个中国革命进程。

（资料整理人：李建肖）

No. 4　李先念纪念馆

场点描述：李先念纪念馆（图4-9、图4-10）坐落在烈士纪念馆右上方，与烈士祠右侧的董必武纪念馆呈左右对称建立，是经中央批准修建的用于展出李先念生平和业绩的专门性纪念馆。馆名由陈云题写。纪念馆分序厅和4个陈列室、文物库房等部分。以“木匠到将军”“从深入敌后到经略中原”“从领导湖北到为国理财”“党和国家卓越领导人”4个单元，展示了李先念从一个贫苦农民的儿子成长为坚定的马克思主义者，以及党和国家的卓越领导人的精神风采和丰功伟业。在序厅的中央安放着李先念半身铜像，基座由孔雀绿大理石砌成，基座里面安放着李先念的部分骨灰。在铜像的背面屏墙上绘制有巨幅壁画《情满群山》。除了主体陈列外，还专设了李先念在中南海办公的复原陈列，展出了李先念生前用过的办公及生活物品。

图4-9　李先念

（来自红安县档案馆展示图片）

图 4-10　李先念纪念馆(杨志宏 摄,2017)

教学资料:

李先念:我是为旧社会造棺材的

李先念(1909 年 6 月 23 日—1992 年 6 月 21 日),湖北黄安(今红安)人,伟大的无产阶级革命家、政治家、军事家,坚定的马克思主义者,党和国家的卓越领导人。1927 年大革命失败后入党,11 月参加黄麻起义。1935 年率部长征,后参加西路军,抗战时回延安。中华人民共和国成立后,李先念出任中共湖北省委书记、湖北省军区司令员兼政治委员。在湖北工作期间,李先念还曾兼任中共武汉市委书记、市长、中共中央中南局副书记、中南军政委员会副主席。1954—1980 年间,李先念一直担任国务院副总理的职务,期间曾先后兼任过财政部部长、国家计委副主任等职。1983 年 6 月当选为中华人民共和国主席,是继毛泽东、刘少奇之后,中华人民共和国第三任国家主席。

李先念出生在鄂豫皖三省交界的大别山区——湖北省黄安县一个贫苦农民家庭。少年时代的李先念,尽管聪明伶俐,好读私塾,但是因为家境贫寒,无力持续学业，从 12 岁起先后在家乡和汉口寿器店学木工，被称为“小李木匠”。有人戏说他是“做棺材出身的”，他的回答言简意赅：“我是为旧社会造棺材的！”事实上，他用实际行动证明了自己是为旧社会造棺材的人。

1926 年 10 月，李先念在汉口球场路陈福记寿器店棺木作坊当学徒。那时候，国民革命北伐军攻克了被围困 40 余天的武昌城，武汉防御总司令刘玉春及武昌守备总司令陈家谟以下官兵 1 万余人，全部当了俘虏。也正是在此次攻克武昌之战，叶挺独立团所在的国民革命军第四军，继攻打汀泗桥、贺胜桥之后，率先登上武昌城头，被誉为“铁军”。那一天，李先念怀着好奇、兴奋和激动的心情，从汉口坐小木船渡江抵达武昌，亲眼目睹北伐军的革命风采。当时，李先念挤在人群中，看到戎装整齐、臂戴袖章、肩扛长枪的革命军人，英姿飒爽，神采飞扬，忽然就萌发了想去当军人的念头。回到寿器店后，他与相处多年的老东家道别，收拾好行囊，回到黄安老家，投身到如火如荼的革命中。

李先念回到李家大屋后，成为当地人推举的负责人，担任了九龙乡农民协会执行委员，时年 17 岁。1927 年 11 月 13 日，黄麻起义爆发。李先念率领家乡农民参加起义。黄麻起义成功后，国民党对黄安地区发起了更为猛烈的反击，许多革命者惨烈牺牲，以吴光浩为代表的 72 名工农革命鄂东军骨干从黄安县转移到黄陂县的木兰山上。李先念则选择留在黄安县，以做木匠活为掩护继续从事当地的革命斗争工作，并负责好联络工作。

黄麻起义的胜利，引起了国民党反动派和豪绅地主的极度恐慌，面对国民党反动派的军事进攻和大搜捕、大屠杀，有人溜了，有人叛变了，而李先念选择了跟党走。1927 年 12 月 17 日，李先念在一所破旧的茅草屋里，面对鲜红的党旗，庄严宣誓：“我志愿加入中国共产党，实行革命，努力工作，服从组织，遵守纪律，严守秘密，牺牲个人，誓不叛党。”这显示了他忠诚于无产阶级革命事业、为旧社会造棺材的决心和勇气。

（资料整理人：陈雨萌）

4. 思考题

（1）红安籍革命家群体为何集体走向新民主主义革命道路，并成长为革命的中坚力量？

（2）新时代中国特色社会主义改革与建设应如何传承和发扬好红安革命精神？

线路二：以七里坪镇为中心的鄂豫皖苏区革命遗址群

七里坪镇位于大别山南麓、鄂豫两省交界处，是著名的黄麻起义策源地、红四方面军诞生地、红二十五军重建地、红二十八军改编地，是全国仅次于井冈山的第二大根据地——鄂豫皖革命根据地的中心。整个战争年代共有14万红安儿女献出了生命，从这片血染的土地上，也走出了董必武、李先念两位共和国的国家主席，还有韩先楚、秦基伟等200多名将军。七里坪镇是被国家住房和城乡建设部、文化部授予的“中国历史文化名镇”，中宣部授予的“全国青少年爱国主义教育基地”，湖北省定的重点镇、红色旅游名镇。

红安七里坪革命旧址保存完整，现存国家级重点保护文物37处，现存革命旧址有长胜街革命遗址群、黄麻起义遗址、鄂豫皖特区苏维埃政府旧址、鄂豫皖特区革命军事委员会旧址、红四方面军诞生地等20余处。其中，长胜街保持了大革命时期的原貌，鄂豫皖特区苏维埃银行旧址、黄安县苏维埃经济公社旧址、列宁市杨殷街遗迹等一批遗迹、遗址都集中在这条街上。在七里坪镇后山上建立了纪念碑，碑上镌刻着董必武手书的“革命烈士永垂不朽”8个大字。在七里坪镇进行现场教学，有助于学生感受鄂豫皖革命根据地的革命历史，从而更加全面地了解中国革命历史。

1. 教学主题

七里坪革命旧址考察。

2. 教学重点

(1)鄂豫皖革命根据地红色政权的基本机构及其运作。

(2)对鄂豫皖革命根据地时期党组织、政权、军队、经济、文化建设情况开展调查、研究。

3. 教学场点

No.1　长胜街革命遗址群

场点描述：长胜街(图4-11)是七里坪镇内一条主要街道，原名正街，1930年曾命名为杨殷街，全长400m(1950年后又续建了290m)。南北有城门楼，由花岗石条砌成。街道两边房屋为明清建筑风格，青砖灰瓦，飞檐翘角，两屋相连，墙头安有象征吉祥的兽头。古街地面为青石条铺成，街道宽约7m，店铺门面鳞次栉比，整条街道基本保持旧街样貌，显示出古朴、典雅、庄重的风格。历史上，七里坪长胜街的居民都从事工商贸易，商贸十分兴隆。因主要商贸往来都跟武汉有关，因而当时的七里坪镇被称为“小汉口”，长胜街被称为“六渡桥”。长胜街是七里坪镇重大事件的见证，街中有革命遗址众多，其中 8 处为全国重点文物保护单位。

图 4-11　七里坪长胜街（杨志宏 摄，2017）

◎七里坪工会

场点描述：七里坪工会旧址（图 4-12）位于七里坪长胜街 10 号，坐东向西，砖木结构。前后两进，每幢面阔 2 间，进深 3 间，后幢内山墙为抬梁式梁架木板墙。祠内有两个四水归堂式的天井。建筑面积达 210m²。1926 年冬，在中国共产党的组织下，七里坪镇各商店的店员组织成立了店员工会。1927 年春，在黄安（今红安）总工会的领导下，七里坪镇各行业工会聚此成立七里坪工会。

图 4-12　七里坪工会遗址（杨志宏 摄，2017）

教学资料：

鄂豫皖革命根据地时期七里坪工会发展

大革命时期，七里地区在郑位三、戴克敏、曹学楷、吴焕先等的发动和领导下，革命活动风起云涌，七里坪镇农民协会（简称农协会）、农民自卫队纷纷成立，打土豪、惩恶霸等革命活动如火如荼。七里坪镇的长胜街成了革命中心。1926年冬，在中国共产党的领导下，七里坪镇各商店的店员在“柯义生”杂货店的店员郑行瑞的组织下，在潘氏祠堂成立了店员工会。1927年春，在黄安县总工会的领导下，又成立了七里坪工会，工会成立了工人纠察队，组织工人自制来福枪、撇把子枪、火药等各种武器，有力地配合农民自卫队的武装斗争，保卫了工农运动的蓬勃发展，对黄麻起义的爆发起了重要的作用。

1. 工会的任务[①]

城市工会和雇农工会的任务各自有所不同。城市工会主要任务是团结工人同资产阶级作斗争，提高工人的政治地位，改善工人的生活福利等。雇农工会的基本任务是：

（1）在巩固苏维埃政权的口号下，作农民的柱石，与反动政权作坚决斗争，动员农民自愿且踊跃地参加红军，反对内外敌人的进攻。

（2）领导广大的贫农和中农彻底实行土地革命，保障土地法令的执行。

（3）积极改善雇农的生活，激发雇农斗争的热忱。

（4）加强雇农的政治教育，使雇农工会成为真正的雇农学校。

（5）加强对贫农团的领导，使贫农与中农结成完全一致的联合战线，在将来无产阶级民权革命政权转变为社会主义革命的阶段中间起极伟大的作用。

2. 加入工会的条件

（1）拥护中国共产党。

（2）积极参加革命斗争。

（3）本人为雇工或手工业工人、店员，亲属中无反动分子。

① 《鄂豫皖特区雇农代表大会关于工人问题决议案》，1931年8月。转载自《中国工农红军第四方面军战史资料选编》。

3. 工会组织发展年表

年份	县总工会（个）	乡工会（个）	村级工会（个）	人数（人）
1926 年 11 月—1927 年 7 月	1	10	30	605
1928 年	1	11	40	750
1929 年底	1	13	80	1500
1930 年初	1	15	95	2000
1931 年 8 月	2	18	100	2400
1932 年 10 月	4	21	120	3000

4. 4 个县级总工会及部分区级工会负责人名录①

(1)黄安县总工会委员长：熊邦山、袁克服、方应月、曾梦林。

(2)陂安南县总工会委员长：杨基发；副委员长：江绍早。

(3)红安县总工委委员长：曾梦林、李达金。

(4)红安市总工会委员长：吴吉焱。

(5)城区工会委员长：梅洪如。

(6)桃花区工会委员长：李宗浦、耿显义、李自奎、王才富、肖开福。

(7)紫云区工会委员会长：方应月。

(8)七里区工会委员长：梅正焱、易元鳌。

(9)仙居区工会委员长：金海山、金孔泉、熊孔新。

(10)二程区工会委员长：张世凯、钱光清。

(11)高桥区工会委员长：刘普勤、熊邦显。

(12)永河区工会委员长：吴用寿。

（资料来源　中国工农红军第四方面军指挥部展馆）

① 1931 年黄安战役胜利后，黄安改名为红安，成立了中共红安中心县和中心县苏维埃政府。红安中心县下辖红安县、陂安南县、河口县、陂孝北县和红安市。郭家齐. 红安县革命史[M]. 武汉大学出版社，1987:258.

◎七里坪革命法庭

场点描述：七里坪革命法庭（图 4-13）位于七里坪镇和平街，旧称“南庙”。坐东朝西，砖木结构，硬山顶，布瓦铺盖，脊上饰有腾龙吻兽，内山墙为抬梁式梁架木板墙，面阔 4 间，进深 3 间，占地 120m²。1927 年春，《湖北省惩治土豪劣绅条例》颁布后，七里区农民协会在此设革命法庭审判土豪劣绅。

图 4-13　七里坪革命法庭（杨志宏 摄，2017）

教学资料：

七里坪革命法庭的由来与变迁

七里坪革命法庭诞生于 1927 年 4 月，是旧中国正处于封建土地制度和封建宗法制度，以及封建官僚地主阶级统治时期，在中国共产党领导下的土地革命运动时产生的。当 1924 年的第一次国共合作正式形成后，我党领导下的全国农民运动蓬勃兴起，其斗争矛头直指贪官污吏、土豪劣绅、地主阶级，因此，那些被打倒或将要被打倒的地主豪绅决不甘心于失败。他们勾结土匪反动民团，千方百计找机会进行疯狂的破坏活动。他们诽谤和咒骂刚刚成立的农民协会，暗杀和残害农民协会干部、家属。黄安（今红安）北箭河区大土豪吴惠存是几个反动团体的头目，农民运动兴起后，他心怀恐惧，为阻止农民运动的发展，将农民运动领导人吴焕先家中老小5口都残酷杀害了。同时，在省内一些地区也制造了类似的惨案，严重地阻碍和威胁了农民运动的发展。

1927年3月2日，董必武召开湖北省党部紧急会议，拟定处理省内各地发生惨案的紧急办法，派兵镇压土豪劣绅的暴乱。与此同时，董必武以湖北省党部的名义对黄安县所发生的惨案发出“依法惩处吴惠存”的指令，派省党部特派员王健、吴焕先前往处理。他们领导农民武装逮捕了吴惠存，将其公开审判示众，并于1927年3月17日在王锡九村就地正法。同时，董必武还根据各地农民纷纷指控土豪劣绅的种种罪恶，要求立即制定法律予以严惩的意见，决定组织起草《湖北省惩治土豪劣绅暂行条例》和《湖北省审判土豪劣绅委员会暂行条例》。同年3月18日，省党部十八次执行会上公布了这两个条例。它是农民运动高潮时期制定的具有代表性的两个刑事法规，确定了土豪劣绅的定义，列举了土豪劣绅的主要罪行，规定了具体的量刑办法，在我国刑法史上有着极其重要的位置。同年4月24日正式成立了湖北省审判土豪劣绅委员会。紧接着，黄安县审判土豪劣绅委员会也成立了。为了保证惩治条例的实施，成立了黄安县临时革命法庭，法庭设在今红安县城孔庙内，同时，七里坪革命法庭也宣告成立。

七里坪革命法庭设在七里坪镇小和平街内，法庭原址为当地人供奉的寺庙，旧称“南庙”。庭内设审判厅、合议厅、警备室3个部分，由七里区农民协会委员会负责审判工作。首任法庭主席张南一，是七里区农协会委员，七里坪柳林河村人，因常年身着蓝色长衣而谐音“南一”。他以打鼓说书为名，走村串户宣传革命，发展农协组织，1926年加入中国共产党。张南一担任法庭主席审理的第一案就是判决他的亲舅舅，给当地反动势力当头一击，受到百姓拥护。当时七里坪革命法庭管辖范围包括县城以北几个区，抓捕任务由农协会自卫队和工人纠察队完成，由革命法庭进行公开审理，依照《湖北省惩治土豪劣绅暂行条例》做出判决。对于罪大恶极需要处决的土豪劣绅，要报县审判土豪劣绅委员会核准后方可执行。七里坪革命法庭在开展审判斗争的同时，配合党组织，通过农协会领导全县农民逐步有组织地向土豪劣绅地主阶级开展全面的经济清算斗争，推翻了乡村中土豪劣绅的统治和他们的组织，使乡村政权归农协会所有，而且没收了土豪劣绅、不法地主剥削的财产，动摇了封建势力的经济基础，给土豪劣绅以沉重的打击。农民的斗志更加昂扬，农村大革命运动出现了前所未有的大好形势。

1927年7月15日，汪精卫悍然背叛革命，对共产党和革命群众实行大肆屠杀，轰轰烈烈的土地革命运动失败了。1928年3月，张南一因叛徒告密被敌人凌迟处死，英勇牺牲，七里坪革命法庭也因此停止活动。1931 年 11 月 7 日，红四方面军在七里坪镇诞生，黄安战役首战告捷。为了纪念这次伟大胜利，将黄安县更名为红安，成立了中共红安中心县和中心县苏维埃政府。各县苏维埃政府均组成了革命法庭，红安县革命法庭就设在原七里坪革命法庭内，法庭主席由闵丹桂担任。闵丹桂，女，生于 1890 年，1926 年参加革命，1927 年入党并参加黄麻起义，在担任法庭主席时是红安中心县苏维埃政府主席。她处事沉着、果断，不徇私情，坚持原则，凡遇重大案件都亲自办理，从不顾全个人安危，至今还留有 1932 年 7 月由她亲自签发的处决反革命罪犯的"革命法庭布告"原件，现为国家一级文物。这时的法庭机构较为健全，司法程序更完善，法庭内设秘书股、审讯股、事务股、登记股等，街上到处设有检举箱。据查，这是中国共产党历史上最早、机构最全、人员最多、程序最规范的革命法庭之一。1932 年 10 月，红四方面军未能粉碎敌人的第四次"围剿"，主力部队被迫实行战略转移，红安革命斗争转入极端困难时期，革命法庭也因此随军撤出七里坪镇。1933 年 9 月，闵丹桂在"肃反"扩大化中被杀害。据查，闵丹桂是中国共产党历史上最早的女法官。

当中国革命进入解放战争时期时，这里又成立了黄安县①人民政府法庭，由时任县长马友才兼任庭长。全国解放后，直到 20 世纪 90 年代中期，这里仍是七里地区的人民法庭，继续为社会主义革命和社会主义建设，为维护社会的稳定和人民生活的安宁服务。七里坪革命法庭，从中国革命初期到中华人民共和国建设时期，经历了一段漫长和极为坎坷的道路，从它的几起几落里，可以看到中国革命的艰辛与来之不易，以及人们在追求光明、幸福、自由、平等上所付出的沉重代价。在今天看来，七里坪革命法庭不仅是中国共产党法学史上的一块丰碑，更重要的是通过它让我们了解到在最残酷的革命斗争初期，中国共产党一开始就注意到要运用法律的手段来唤醒广大民众，使人们清楚地认识到几千年来的统治制度是一个极其腐败、欺压剥削人民的制度，从而激发了广大民众要起来斗争的热情。他们认识到仅仅依靠法律手段来推翻几千年的封建制度及官僚地主阶级的反动统治是不够的，还要有自己的武装，拿起枪杆子同腐朽的制度作坚决的斗争，直到彻底推翻它们。

七里坪革命法庭为中国革命所做出的特殊贡献将永不磨灭，永垂青史。

（资料来源　黄解林：《七里坪革命法庭的由来与变迁》，载于《楚天主人》，2002 年第 9 期节选，有改动）

---

① 第二次国共合作时期，红安又改名为黄安县。

◎鄂豫皖苏维埃银行旧址

场点描述：鄂豫皖苏维埃银行旧址（图 4-14）在七里坪长胜街 48 号，坐东向西，砖木结构，硬山顶，布瓦铺盖，两进两间，面阔 5.5m，进深 20.7m，面积 113.85m^2。1930 年秋，鄂豫皖苏维埃银行在此建立。

图 4-14 鄂豫皖苏维埃银行旧址（杨志宏 摄，2017）

教学资料：

鄂豫皖苏维埃银行货币政策

鄂豫皖苏维埃政府于 1930 年 7 月迁到红安县七里坪镇后，在巩固和发展苏区的过程中，已认识到银行工作在苏区经济建设、军事斗争和政治斗争中的重要作用，充分运用金融手段，支持苏区发展生产和革命战争，于同年 10 月在红安县七里坪镇（行址选在北街"鼎泰祥"当铺内）成立了鄂豫皖特区苏维埃银行（简称苏区银行），发行了货币，实施了"逐渐统一金融与集中现金"的货币政策。由于战争局势的变化，银行从组建开业到 1932 年秋随红军撤离，虽然只有短短两年时间，但在当时特定的战争环境条件下，苏区银行的职能作用得到了充分发挥，这是遵循了战时货币的特殊规律和货币流通的一般规律的结果，为苏区的战争和经济建设做出了巨大贡献，在中国金融史上写下了光辉的一页。

1. 发行苏区货币，限制非苏区货币流通

鄂豫皖苏区建立初期，市场货币混杂，银元、铜元、国民党政府发行的“中央银行钞票”“交通银行钞票”混合流通。为了抵制敌币，稳定市场物价，有计划地调节金融，发展苏区经济，苏区银行自1931年5月15日首次发行纸币后，先后还发行了纸币、布币、银元和铜币4类货币。

(1)纸币。3种版面、5种票面。1931年苏区银行发行1元券和5角券2种；1932年发行1元券1种，2角券2种，5角券1种；鄂豫皖经济公社发行两串文、一串文各1种，主要在苏区联通。

(2)布币。1种版面、2种票面。由于国民党政府对苏区的经济封锁，纸张缺乏，为了适应战争需要，于1932年发行了布币，在一块小白布上印着“凭票发铜元一串文”或“凭票发铜元两串文”，亦主要在苏区流通。

(3)银元。1种版面。1932年鄂豫皖省工农银行发行正面铸有“鄂豫皖省苏维埃政府”“壹元”和“一九三二年造”字样，背面印有镰刀、斧头图案和“全世界无产阶级联合起来”字样的银元1种，限于设备技术条件，只制造了36枚。

(4)铜币。1种版面。1932年制造2角铜币1种，正面图案是五角星和谷穗，制造数量有限，流通不广。

苏区银行发行货币时，苏维埃政府规定：苏区货币发行权统一于苏区银行。苏区银行货币是鄂豫皖苏区唯一的合法货币，苏区市场主要使用自己的货币，苏区银行纸币与银元等值，禁止商人私发市票。苏区银行发行的货币进入市场后信用好，可兑现，广泛流通于城乡市场，农民都用苏区银行的货币，树立了良好的货币形象。1931年5月24日，当时担任鄂豫皖中央分局书记和中央军委副主席的张国涛给中央的报告说：“特区银行已于本月十五日开幕，作用非常之好，农民都用这银行的纸币，不要非苏区的票子。只七里坪一处几天功夫已用了4000元，现在还来不及印刷大批纸票来供应市场。”

同时，苏区银行十分注意稳定金融，在稳定中求得发展，采取灵活措施，限制非苏区货币的流通。其主要措施如下：在贯彻执行中共中央对鄂豫皖省委《关于暂时可不必废除旧的货币，它与苏维埃银行或工农银行发行的货币有同样的价值的决议》时，从本区实际出发，灵活地贯彻执行，对国民党政府的货币折价使用，如1元旧币的币值为苏区的0.96元，以贬低国民党货币的币值；苏区1元纸币兑换1元银元，并制定了严格的兑换制度，明确规定国民党政府的货币兑换额在500元以上的需到总行兑换,500元以下的在分行、总行都可以办理兑换事宜;明令禁止金银、粮食、桐油、药材等物资的外流。苏区银行运用限制非苏区货币的流通、开办兑换业务等手段,保护了苏区货币的市用本位地位,贬低了国民党政府的货币,打破了国民党对苏区的经济封锁,保证了战争的需要,稳定了市场物价。

2. 多方筹集银行基金,加强发行的物质基础

货币的资信或币值的高低,关键在于其发行的物质基础或发行保证的真实物资性,银行货币发行量必须受相应的物资所制约,而不能滥发。苏区银行发行纸币前,想方设法筹集银行基金,主要有以下几条渠道:

(1)将收缴的国民党军队的金银和各种货币交给苏区银行。1931年春,红军活捉国民党师长岳维峻,收缴大洋90 000元和价值10 000余元的西药,红军将收缴的金银器、银元和各种其他形式的货币交给苏区银行。

(2)没收土豪劣绅的钱款。将1931年在一次南下作战中,沿途没收地主、土豪劣绅的金子10余斤,全部交给苏区银行。

(3)苏维埃政府的税收及其经济公社的销货款。政府的税收及其经济公社的经营性收入均交存银行,为银行增加了相应的资金来源。

(4)苏区银行发行临时股票。虽然数量不多、范围不广,但对充实银行资金也发挥了一定的作用。

苏区银行既是货币发行机关,又是财政拨款机关。苏区银行除开展一般银行业务外,经苏维埃政府审批,还向红军和地方机关拨款,保证红军和地方政府的供给。由于苏区银行多方筹集银行基金,发行的货币有了相应的物资保证,从而保证了苏区金融的基本稳定。

3. 取缔高利贷,大力扶持工农业生产

苏区银行建立之前,鄂豫皖苏区货币混杂,金融秩序混乱,城乡资金融通主要依赖于民间借贷,而民间借贷利率一般都很高,实为高利贷,苏区人民深受其害。以占店镇庙咀湾为例,庙咀湾36户中,放债的有5户,常年借贷的有17户,其中,农民戴珍信借银元30元,用期一年,须还本息64元。苏区银行建立后,为了稳定金融,帮助苏区发展工、农、商业生产,服务革命战争,取缔金融投机,打击高利贷活动,及时发放贷款。当时贷款的主要对象:一是向贫苦农民发放贷款,经苏维埃乡政府审查证明,农民可以向银行借钱购买耕牛、种子、农具、口粮。利率较低,月息一般为1～3厘,到期无力偿还的,可以延期。二是向个体商人和加

工户发放贷款。如郭受九村农民合伙借款加工皮油，一次用13个半皮油砣（每砣50多千克）抵还贷款本息。苏区银行将皮油交给经济公社，加工成蜡烛供红军使用，既支持了工业又满足了战争需要。三是向集体经营的消费合作社和染坊、榨坊等手工业发放贷款。苏区银行通过发放贷款有力地打击了高利贷活动，稳定了苏区金融，同时创造了大量财富，为发展苏区经济、支持革命战争发挥了巨大作用。

4. 灵活运用各种支付手段，沟通内外物资交流

鄂豫皖苏区地处山区，交通不便，经济贫困，当地群众生活所必需的各种工业用品，都要从国统区购进。由于敌我双方的军事对立，敌方的经济封锁，苏区土特产难以输出，所需工业用品难以购进，而苏区货币在国统区无法通行，国民党政府发行的货币又是苏区政权所排斥和驱逐的货币，致使苏区内外物资交流阻塞，给苏区经济发展和红军给养造成了极大困难。为此，苏区银行在认真履行"逐渐统一金融与集中现金"职能的前提下，灵活运用各种支付手段：在确立苏区银行的货币市用本位地位的同时，对国民党政府的货币实行限制措施，如接收国民党货币并对国民党政府发行的货币一律打折收兑，集中于苏区银行兑换，并制定了严格的兑换制度；规定银元与苏区货币等价流通，苏区银行还用自己发行的纸币收购金银器、银元。这样，金银器、银元、国民党政府发行的货币大量地集中于苏区银行手中，苏区政府将这些国统区可通行的货币用于购买苏区所需要的食盐、药品、炸药以及人民所必需的工业用品，从而促进了苏区与国统区的物资交流，打破了国民党政府对苏区的经济封锁，保障了战争需要和苏区群众必要生活资料的供应。

总之，苏区货币是在特定条件下发行的货币，既适应了战时的特殊需要，服务于革命战争，又遵循了货币流通的一般规律。苏区银行推行的货币政策，正是因为遵循了战时货币流通的特殊规律和货币流通的一般规律，因而基本上实现了苏区"逐渐统一金融与集中现金"的目的，保证了苏区银行币值的稳定和市场的繁荣，在支持抗战、促进苏区经济发展、巩固和发展苏区等方面发挥了重要作用。

苏区银行从创建到撤离，虽然只有短短两年时间，但其推行的货币政策适应了战争环境，稳定了苏区金融，有力地支持了革命战争，繁荣了苏区经济，并取得了巨大成功。

（资料来源　祝正顶：《岁月虽短 风范长存——鄂豫皖苏维埃银行货币政策初探》，载于《武汉金融》，2006年第10期，有改动）

◎列宁市经济公社旧址

场点描述：列宁市经济公社旧址（图 4-15）在七里坪镇长胜街 52～54 号。第一个苏维埃经济公社，相当于现在经营生产生活资料的商业机构。1930 年春，列宁市苏维埃政府为粉碎敌人对苏区的经济封锁，保障军民生产、生活物质供应，在此建立了列宁市经济公社，对活跃城乡经济起了良好作用。1931 年 7 月，改称鄂豫皖特区经济公社第四分社。

图 4-15　列宁市经济公社旧址（杨志宏 摄，2015）

◎列宁市苏维埃饭堂合作社旧址

场点描述：列宁市苏维埃饭堂合作社旧址（图 4-16）位于七里坪镇长胜街 29 号（五夹巷口）。1930 年，党中央鉴于鄂豫皖地区革命运动不断高涨，为指导革命顺利发展，委派曾中生以中央特派员的身份在七里坪文昌宫主持召开原中共鄂豫皖边特委紧急会议，成立平汉特区行动委员会、中共鄂豫皖边特委，把革命大本营建在七里坪，将七里坪命名为列宁市，把长胜街命名为杨殷街。1931—1932 年，列宁市苏维埃政府在此设立饭堂合作社，以供应苏区军民日用工业品和土特产品为主，兼招待过往革命同志和行商，凡持苏维埃政府或红军部队介绍信者，一切供应均免费。

图 4-16　列宁市苏维埃饭堂合作社旧址（杨志宏 摄，2017）

◎**黄麻起义会议和起义总指挥部(文昌宫旧址)**

场点描述:黄麻起义会议和起义总指挥部遗址(图 4-17)位于七里坪镇和平街中段,遗址原为庙宇,名为文昌宫。这里也是鄂豫皖临时特委、临时军事委员会旧址。文昌宫建于明朝末年,坐东朝西,砖木结构,琉璃瓦面,由灵官殿、佛殿和两个天井组成,建筑面积为 561m²,抗战时期被日军烧毁。中华人民共和国成立后,居民在遗址上盖有住房。封建时期,此处办有“儒学”,教授“四书五经”。1921 年(民国十年),黄安县第二高等国民小学创设于此。1923 年,改为平民学校。1924—1925 年,该校学生上街演讲,下乡调查,宣传中国共产党的革命主张,配合共产党开展农民运动。

图 4-17 黄麻起义会议和起义总指挥部遗址(程雅萍 摄,2017)

教学资料:

鄂豫皖革命历史中的文昌宫

1927 年 9 月,党的“八七会议”在武汉召开后,中共黄安县委在此召开紧急会议,传达“八七会议”精神,并决定 9 月在农民运动基础较好的七里坪地区率先举行秋收暴动,同时决定计划在黄安地区举行规模更大的武装暴动,会议责成戴克敏起草黄安县委关于武装暴动的计划。

11 月 3 日,中共黄麻区特别委员会在文昌宫召开黄安、麻城两县的党团活动分子会议,传达省委关于组织黄麻暴动的指示,成立了黄麻起义行动指挥部。

11 月 13 日,在中共黄麻区特别委员会的领导下,黄安、麻城两县农民自卫军和农民义勇队,在黄陂、麻城、光山等各县区农民武装的配合下,举行了声势浩大的黄麻起义,14 日凌晨一举攻下黄安城,活捉了国民党县长及反动军政人员,取得了起义的胜利。黄安县首次获得解放,七里坪也因此成为黄麻起义的发源地而被载入史册。

文昌宫遗址又是中共鄂豫皖特别委员会和军事委员会所在地。1930 年 11 月 28 日，中共中央派曾中生以中央特派员的身份来到七里坪。时值第一次反革命“围剿”在即，曾中生在文昌宫召开中共鄂豫皖边特委（书记徐朋人）和中共黄安、麻城等县负责人紧急会议，撤销京汉特区行动委员会，建立中共鄂豫皖临时特委和临时军事委员会，制订了针对国民党军队“围剿”鄂豫皖苏区的斗争方针和行动计划。曾中生在这里坐镇指挥，取得了第一次反“围剿”斗争的重大胜利。

（资料来源　夏红胜：《黄解林.红色记忆——七里坪》，华中师范大学出版社，2011 年，有改动）

No. 2　南一门遗址

场点描述：南一门遗址（图 4-18）在七里坪镇河街南端。张南一是七里坪镇柳林河人，大革命时加入中国共产党，参加过黄麻起义，黄安城失陷后，他奉党的指示，以鼓书艺人的公开身份，继续开展革命宣传活动。被捕后，他在敌人的屠刀下，表现得非常英勇顽强。1930 年，七里坪镇改名为列宁市后，党和苏维埃政府决定将七里坪镇小南门命名为“南一门”，以纪念张南一烈士。

图 4-18　南一门遗址（杨志宏 摄，2017）

教学资料：

大义灭亲、立场坚定——张南一

张南一(1880—1928)，原名张香奎，红安县七里坪镇柳林河人。1926年参加革命，同年加入中国共产党，黄麻起义时，任七里区防务会宣传股长，以鼓书艺人身份宣传革命。1928年3月被叛徒告密，为保护当地群众而不幸被捕，壮烈牺牲。

一、“蓝衣先生”

张南一出生在一个贫寒之家，在他幼年的时候，父亲和弟弟因贫困和疾病相继死去，只剩他们母子俩相依为命。张南一自幼聪明好学，口才好，逗人喜爱，因家境贫困无钱上学，私塾先生十分同情，便让他免费读了一段时间的书。十多岁时，因生活所迫只好随母乞讨度日。后来想多挣点钱，他便学着打鼓说书，深得农民的喜爱。参加革命后，他经常身穿蓝色长衫，游乡串户，以鼓书艺人身份为掩护从事革命活动，乡亲们亲切地称他为“蓝衣先生”。

二、大义灭亲，开展革命

张南一于1926年入党，参加了1927年11月13日爆发的黄麻起义。起义胜利后，任七里坪革命法庭首任庭长。他上任后的第一件事，就是依法审理判决了民愤极大的亲舅舅，以大义灭亲的革命举动，为人民群众伸张了正义。1927年7月15日，汪精卫发动反革命政变，对共产党和革命群实行大屠杀，轰轰烈烈的土地革命运动失败。张南一在党组织的安排下，留在七里坪镇继续开展革命斗争，任务是秘密发展党组织，武装群众，搜集情报并送往在木兰山的部队。

三、“老子就是张南一”

1927年12月初黄安城失陷后，张南一奉党的指示，以鼓书艺人的公开身份，秘密开展革命宣传活动。1927年年底，敌十二军的一个营在营长路金川的带领下，进剿七里坪，大肆捕杀共产党员和革命群众。一天，张南一乘夜转到七里坪河西的张家湾村，在一位亲戚家中，见有10多人围在一起正议论穷人的“八字”和命运。张南一主动同他们拉扯起来，向他们进行革命宣传，并架起小鼓，唱了一段鼓词：“有贫农，坐田埂，自思自叹；叹只叹，我穷人，无吃少穿。天地间，都是人，应该平等；为什么，富与贵，贫富不均？天地间，人都是，父母所养，为什么，他该富，我该受贫？那富人，他说是，积阴功坟山所荫，又说是，阳宅好，风水凑成。我穷人，做苦工，日夜不睏，倒转来，衣食住，不如他人。劝大家，切不要，被人蒙哄,全都是,剥削我,一般穷人……”那些怨天怨地怨“八字”的穷人们,听了他的宣传后,豁然开朗。当时,由于敌人在各村都安插了一些“坐探”,不久,张南一的行踪即被敌军的“坐探”发现了。敌营长带着大队人马到处追捕他。这一天,张南一回到家中,准备带几件替换的衣服,转移到外地活动。谁知衣服尚未收拾好,柳林河村已被敌人包围了。张南一在群众的掩护下,藏进一间房屋的夹墙里。敌营长挨家挨户搜查,没有发现张南一,于是将全村300多名群众全部集中在禾场上,狂叫道:“今天不交出张南一,你们别想活命!”人群中有人答道:“张南一早就离开家了,他孤身一个,谁知道他到哪里去了。”敌营长指使几名匪徒,将答话那人抓了出来,用皮鞭抽打,并继续叫嚷着:“交不交? 不交就烧房子!”人们攥紧拳头,怒目横视,没有一人吭声。不一会儿,村头的几间房屋起火了,敌营长狞笑着说:“你们的生命和财产掌握在我的手中,限定10分钟,如果不交出张南一,我就将全村化为灰土,把你们葬在这里!”说话间,“砰砰”几声枪响,一位老人应声躺在血泊之中。张南一听到敌人的吼声和枪声,再也忍不住了。他挺身而出,大骂敌人:“你们这些狼心狗肺的东西,胆敢如此放肆,欺压百姓,老子就是张南一,要捉就捉我!”全村的群众得救了,而张南一却被敌人五花大绑起来,押到了七里坪镇。

四、生是革命人,死是革命鬼

在敌军营部,敌营长假惺惺地说:“只要你保证以后不闹革命,我就放你;只要你自首悔改,我就赏你;如果愿为我们办事,马上就可当官。”张南一蔑视着敌人,斩钉截铁地说:“头可断,血可流,不革命是办不到的!”敌营长见软的一套不行,即施以重刑,一面拷打,一面审问,得到的“供词”仍然是上面几句话。敌人软硬兼施,无济于事,便把张南一关进了监狱。过了几天,敌人在七里坪镇西门外挖了一个沙坑,用铁丝将张南一的肩胛骨和脚跟穿起来,推到坑旁。敌营长指着沙坑对张南一说:“看你还革不革命?”张南一愤怒回答:“老子生是革命人,死是革命鬼,再过20年,老子还要革命!”敌人用刀割掉了他的耳朵、鼻子,并狂叫着说:“还革命吗?”张南一痛得昏倒在地,当他醒来时,仍喃喃地说:“老子……还……还要……革命……”敌人又割掉了他的舌头,随后将他推进坑中,活埋至死。

五、英名永垂

张南一的英雄气概和革命精神,永远为人民所敬仰、怀念和学习。1930年,七里坪镇改名为列宁市后,党和苏维埃政府决定将七里坪镇小南门命名为“南一门”,以纪念张南一烈士。解放后,七里坪镇党委政府在小南门旧址重修“南一门”,并把镇区通往贡家河、柳林河段的公路命名为“南一大道”。中华人民共和国建立后，党和政府没有忘记这位英勇不屈的烈士，在原地修建了一座纪念碑。2015 年，为了永远记住这位本村的革命烈士，让村民们更好地敬仰、怀念和学习先辈的奉献精神和革命斗志，柳林河村委会决定在村部门前广场修建张南一雕塑群和红色文化长廊。2015 年 8 月 12 日上午，柳林河村"第一书记"黄冈市市委办调研员黄海棠和七里坪镇党委书记潘新华共同为雕塑群举行了揭幕仪式。

（资料整理人：陈倩倩）

No. 3 光浩门遗址

场点描述：光浩门遗址（图 4-19）在七里坪镇北端公路大桥南头。1930 年 2 月，为纪念黄麻起义领导者之一的吴光浩烈士，黄安县苏维埃政府将七里坪镇小北门命名为"光浩门"。

图 4-19 光浩门遗址（杨志宏 摄，2017）

教学资料：

传奇英雄吴光浩

吴光浩（1907—1929）①，曾化名陈新，湖北黄陂县（今武汉市黄陂区）人三合乡蔡吴家湾人，1924 年前后，吴光浩在前川中学最早接受了革命思想的教育，阅读了《向导》《新青年》等进步书刊。1925 年考入黄埔军校第三期，1926 年光荣加入中国共产党。鄂豫边红军和苏区创建人，中国工农红军高级指挥员。鄂豫边红军和革命根据地创建人之一。

1926 年 7 月，吴光浩在国民革命军第四军任连长，参加了攻打汀泗桥、贺胜桥、武昌城的战斗。由于他身先士卒，英勇善战，屡建战功，被提拔为营长。1927 年 9 月参加鄂南起义。同年 10 月，湖北省委决定派省委巡视员符向一和原在鄂南参加领导起义的吴光浩、刘镇一和王志仁等人赴黄安、麻城工作，建立中共黄麻区特别委员会。

为筹划黄麻起义，他废寝忘食，夜以继日地工作。11 月上旬，根据上级指示，成立了由潘忠汝、吴光浩、戴克敏等人组成的黄麻起义总指挥部，潘忠汝任总指挥，吴光浩任副总指挥。11 月 13 日夜，黄麻起义爆发。攻城突击队在吴光浩的率领下，由西北城墙攀岩而上，冲进城内，消灭了守门的匪兵，打开城门，等候在城门外的大队人马涌进城内。紧接着，吴光浩率突击队在夺取敌据点火王庙后，又冲进县衙，活捉了国民党反动县长。

黄麻起义胜利后，成立了中国工农革命军鄂东军，吴光浩被任命为副总指挥兼第二路司令。为了扼杀黄安县新生的红色政权，国民党反动派调动军队，向革命人民猛扑过来。1927 年 12 月 5 日，敌十二军教导师夜袭黄安城。因众寡悬殊，起义军与敌人激战 21 天后，黄安城被敌攻陷。鄂东军总指挥潘忠汝和许多革命志士光荣牺牲。吴光浩率领少数同志突出了重围，于 12 月下旬到达木兰山一带继续开展游击战。

1928 年 1 月，根据中央指示，中国工农革命军鄂东军改编为中国工农革命军第七军，吴光浩任军长，戴克敏任党代表，汪奠川任参谋长。在吴光浩的带领下，第七军在木兰山周围地区开展革命活动，宣传发动群众，破坏敌人交通，打击地

① 关于吴光浩的出生年月有两种说法：一是 1902 年（少华. 红四方面军（上册）[M]. 湖南人民出版社，2016：3.）；二是 1907 年（郭家齐. 人杰地灵——红安名人与大事聚焦[M]. 长江出版传媒，湖北人民出版社，2017：154.）。本书采用第二种说法。

区豪绅及其反动武装。之后，吴光浩又将第七军带到鄂豫两省交界的柴山堡地区，从此，鄂豫边界的党和红军开始走上“工农武装割据”的道路。

1929 年 2 月，国民党军第十八军出动两个团，向柴山堡地区进犯，吴光浩带领部队分路突出包围，然后向敌军比较空虚的侧后方进击，粉碎了敌人的围攻。继而他又率部深入黄安城以南，全歼高桥河“清乡团”及附近的一些反动武装。同年 3—4 月间，蒋桂军阀开战，第十八军从柴山堡撤去，吴光浩率部乘机向反动地方武装进攻，消灭了黄安、麻城等反动民团，声威大震。5 月初，吴光浩亲率 10 名战士，身藏短枪，化装成卖油人奔赴商南，准备参与领导武装起义。当走到罗田滕家堡一家饭馆吃饭时，一名战士一时大意，露出了藏在身上的盒子枪，被当地民团“坐探”发现。当吴光浩等人挑着油桶进入山口时，埋伏在此的民团突然开枪射击，吴光浩等人猝不及防，虽然英勇抵抗，拼死冲杀，但终因敌众我寡，最后全部壮烈牺牲。消息传来，鄂豫边根据地的军民对失去一位杰出的军事将领而无比悲痛和惋惜。

为了纪念吴光浩，1930 年七里区苏维埃政府成立后，根据徐宝珊提议并经中共鄂豫边特委和革命委员会讨论通过，决定将七里坪镇改名为列宁市的同时，将七里坪镇小北门命名为“光浩门”。

（资料整理人：马雄文）

No. 4　七里坪列宁小学旧址

场点描述：七里坪列宁小学旧址（图 4-20）位于七里坪红坪镇大道 188 号。坐西朝东，砖木结构。旧址原为黄安县第二高等国民小学。1925 年，在董必武的指导下，中共黄安特别支部成员王文煜等将国民小学改为平民学校，以办学为名秘密开展革命活动。1930 年春，由黄安县苏维埃政府将该校改名为列宁小学。1932 年 7 月，国民党军队进驻七里坪镇，学校停办。

图 4-20　列宁小学旧址（杨志宏 摄，2017）

教学资料：

列宁小学简述

黄麻地区的教育事业，随着土地革命的发展而发展起来。1929—1932 年，党和各级政府在这块红色的土地上创办了一大批列宁小学，黄安县就有 500 多所，七里坪列宁小学就是其中的一所。

七里坪列宁小学，于 1930 年春由黄安县苏维埃政府创办，有两个教学班，共 120 人左右。黄安县苏维埃政府对学校非常重视，派共产党员戴雪舫任校长，选配了 3 名思想进步的正式教师。开学初，中共鄂豫皖边特委经常派负责宣教工作的特委委员徐宝珊等亲临学校指导工作。1930 年夏，鄂豫皖边区党政军最高领导机关从箭厂河、植树岗等地迁往七里坪镇后，徐朋人、徐宝珊、郑位三、戴季英、吴焕先等苏区领导人经常到学校讲课。

该校的教育目的是："培养革命的工人阶级干部，提高工农群众的文化知识，使他们的伟大创造力和新思想尽量发展，以完成整个革命的任务。"为此，学校从招生到教育内容和教学方法，进行了一场全面彻底的改革。

苏维埃政府规定，学校要面向工农群众，凡贫雇农子弟、红军子弟和地方干部子弟都实行免费入学。对于出身剥削阶级家庭的子弟，则"征收特定额的学费"。

学校开设政治、语文、算术、常识、唱歌、体育、军事等课程，并结合形势进行热爱红军的教育，内容生动活泼，紧密地与实际相结合。

节假日，学校组织学生生产，或帮红军家属砍柴、挑水、代耕等。学校还联系实际，开展各种政治宣传活动。如教唱的《童子军团歌》《送郎当红军》《八月桂花遍地开》等革命歌曲在苏区广为流传。

在校的儿童团、少先队都是军事编制，早晚操练，星期日还组织防御、攻城、追捕、爬山、打靶等训练。

学校不断地改革教学方法，提倡启发式教学，反对教条式的满堂灌；提倡尊师爱生，反对体罚学生式的师道尊严，建立了一套新的教学秩序和革命的师生关系。

苏维埃政府对教师的生活也十分关心。教师的待遇与当地脱产干部基本相同，政府不仅分配土地，还组织群众代耕。外地教师的粮油由苏维埃政府供给，并发给少量薪金。对于模范教师，苏维埃政府奖励衣服、布鞋等。这些措施，在当时的历史条件下极大地调动了教师的积极性。

作为当时的新型革命学校，列宁小学不仅提高了根据地人民群众的文化素质，使人们的精神面貌发生了深刻的变化，而且直接为苏维埃政权服务，为革命输送了大批的军政人才。

（资料来源 《列林小学》，载于《决策与信息》，2004 年第 4 期，有修改）

No. 5 鄂豫皖特（边）区苏维埃政府旧址

场点描述：鄂豫皖特（边）区苏维埃政府旧址（图 4-21）位于七里坪镇王锡九湾，坐北朝南，砖木结构。1930 年 2 月 25 日和 3 月 22 日，中共中央两次给鄂豫皖边区指示信，决定将鄂豫皖边界二十余县划为鄂豫皖特（边）区。3 月 20 日，中共鄂豫皖边特委在七里区紫云箭厂河成立，郭述申任书记。1930 年 6 月下旬，鄂豫皖边区在河南光山县王家湾召开第一次苏维埃代表大会，正式成立鄂豫皖特（边）区苏维埃政府，甘元景任主席。7 月，鄂豫皖特（边）区苏维埃政府由光山王家湾迁至此处，甘元景、郑位三、郑行瑞等亦在此居住。

图 4-21 鄂豫皖特（边）区苏维埃政府旧址（来自红四方面军指挥部展示图片，程雅萍 摄，2017）

教学资料：

鄂豫皖苏区的建立与发展

一、鄂东北、豫东南和皖西北苏区的建立与发展

中国苏维埃革命时期，各地苏区的建立大致分为两种类型，一是外助型，二是内生型。外助型的代表是中央苏区，郑位三回忆道："中央苏区开始在井冈山的时候，是毛主席带了900多人，总司令带了3000人，将近4000人这样一个力量。毛主席带的900人有三分之二以上是6个县的农民自卫军。总司令带着5个县的农民自卫军。毛主席带的另外的三分之一是武汉警备团。总司令的自卫军不到1000人，多数是南昌暴动失败后的军队，是这样一个基础。因此，中央苏区开始发展的时候，有农民自卫军和革命军出身的占多数，这是本钱。"[①]从中可见，中央苏区的建立很大程度上有赖于正规红军的帮助和发展。而鄂豫皖苏区属于内生型，"鄂豫皖的老底子，开始就是搞农民运动搞起来的，没有兵，开始只有几十条枪，不敢走远了打游击。几十只枪和群众建立了密切的联系，依靠本地农民参加了红军，才敢出去打游击。在这样的基础上建立起来的红军和群众联系的非常密切"[②]。

二者各有优缺点，外助型的优点在于军事力量大，能够与反动势力进行大规模作战；缺点则在于在苏区建立初期，对当地情况不熟悉，包括民众对中国共产党也是陌生的。内生型的优点在于在早期的革命活动中，培养出一部分骨干积极分子，这些人土生土长，熟悉当地情况；缺点在于早期不能打大游击战，不能广泛地发动农民群众参加革命活动。鄂豫皖苏区是"八七会议"之后，各地积极响应革命的号召发动黄麻起义、商南起义和六霍起义逐步形成的鄂东北、豫东南、皖西北苏区合并而成的。

二、鄂豫皖苏区统一战略思想的提出与曲折发展

1.建立鄂豫皖苏区战略思想的提出

1928年，曹壮父在巡视鄂东北苏区革命情况后，认为黄安县的革命形势的发展，很大原因取决于黄安县周围地区的配合和响应，这种配合能够给黄安县的革命带来战略空间，形成革命发展的利好条件，于是向中共中央提出建立鄂豫皖苏

---

① ② 郑位三同志谈话记录(第1次)，湖北省档案馆，SZA—2993。

维埃，理由如下：

总括黄安县的情形，敌人反动的程度已到了最高峰，群众革命的情绪也随敌人的反动程度成正比例。目前群众参加斗争的形式虽仅作掩护、报信、侦探等，但这是迫于白色淫威的"不敢"，因为我们无法救济这些群众受摧残后的生活。如果我们马上鼓动群众来直接参加斗争，群众一定可以马上起来。所以解决黄安县问题的主要部分不在黄安县本身，而在黄安县周围地区。周围如果有了适当的配合，黄安县的革命力量便有了胜利的保障。因此我向中央有一个提议："建立一个鄂豫皖的苏维埃局面。"

我的理由是：①湖北的黄安、麻城、罗田，河南的罗山、光山、商城，安徽的六安、英山、霍山这三省交界的地方为大别山山脉所绵亘，山势之险峻，不亚于湘、鄂、赣三省交界处，此就地理上有可能者一。②该区域内鄂省军阀虽因黄安县暴动而引人注意，但经营至今将及一年，而他们所谓"赤焰"大有燎原之势，致令他们束手。河南的东南数县，除李振亚的土匪军队不属于任何军阀的系统者以外，冯系军阀亦无力顾及，而且捐税的繁重，为豫南人民所痛恨，豫南民众之需要革命，异常迫切。安徽六安一带亦为土匪盘踞之区，亦为皖省政治鞭长莫及。此就政治上有可能者二。③湖北以黄安县为中心，河南以商城县为中心（豫东南特委有代表来黄安县，故知），黄安县与商城县的力量现在仅隔麻城县之黄土区，相距约五十里。六安一带情况尚不知。此就目前主观的力量有可能者三。中央如认为此种提议为可行，再商具体办法。

当时，中共中央认为各省革命发展情况不同，且曹壮父在报告中尚未提出建立鄂豫皖苏区后各省党组织工作的重新安排方案，因而以尚可以召开联席会议解决三地的沟通问题为由否决了曹壮父的建议。

鄂东北特委并未因中共中央对建立鄂豫皖苏区的否决而放弃这种战略设想。1929年5月7日，鄂东北特委何玉林在给中共中央的报告中更加详细地对黄麻革命发展情况进行分析，对于建立鄂豫皖苏区后的优势加以充分说明，试图说服中共中央支持建立鄂豫皖苏区，与此同时，鄂东北特委仍然执行建立鄂豫皖苏区的行动。中共中央并未对鄂东北特委何玉林的报告做出答复，鄂东北特委所推行建立鄂豫皖苏区的战略行动受到了豫东南方面的抵制，在商南起义后不久就发生了"二徐"事件，给鄂豫皖苏区的发展带来了不利的影响，特别是直接影响了鄂东北和豫东南两块苏区的团结。

2."二徐"事件的发生和商南方面对于建立鄂豫皖苏区的抵制

由于3块根据地被敌方分隔于三地，彼此间的联系较少，且党内某些组织中存在着一定的地方主义倾向，相互之间缺乏信任。商南起义之后，商城三十二师迅速扣押“二徐”(由鄂东北特委派去帮助商南起义的徐其虚、徐子清二人)，豫东南方面并未等中共中央的答复就将二人处决，造成鄂东北方面与豫东南方面紧张的关系。然“二徐”事件的发生，很大程度上是由于鄂东北特委执意建立鄂豫皖边界特委，遭到豫东南方面的抵制。

事后，鄂东北和豫东南就“二徐事件”均向中共中央说明事情缘由，并且双方各执一词，争执不下。中共中央派郭述申等人赴商城县调查“二徐事件”并解决鄂东北与豫东南二者之间的问题，却突发商南方面预备扣留中共代表郭述申等人，中央派往商城工作人员集体离商的恶性事件。综合对目前可见档案材料的分析，“二徐事件”的发生究其根本原因在于豫东南方面对于建立鄂豫皖苏区的抵制和反抗，而非豫东南方面所提“二徐”所犯的其他错误，然豫东南方面对“二徐”的处置是草率和失当的，激起鄂东北方面的不满，加深了两方的隔阂和猜忌。

3. 鄂豫皖苏区的最终统一

中共中央经过慎重考虑各方的申诉，决定组成鄂豫边特委。郑位三也提到：“鄂豫皖三省是二九年合一的，二八年中央派曹壮父到我们那里去巡视工作。那时候我们只有几十条枪。在莫斯科召开的‘六大’的文件是他带去的。他巡视之后，回到中央建议要统一领导。那时中央在上海。中央不同意，中央回一封信说：‘三省的政治情况不同，湖北有大革命的影响，河南是冯玉祥搞的时间长一些，三个省的政治情况不同，不宜合一。’当时我们愿意合，但是中央不同意。以后立三路线下来，马上要搞一省数省胜利，这样才合一。”①

两块苏区终于在1930年初合并成立鄂豫边特别区。1930年2月25日中共中央决定组织鄂豫皖边特别区委员会。1930年3月17日做出了关于鄂豫皖边特别区委员会名单的决定。1930年6月，鄂豫皖边区第一次工农兵代表大会在光山县王家湾召开，成立鄂豫皖边区苏维埃政府，从此鄂豫皖革命根据地成立。1931年5月12日，在光山县新集成立了中共鄂豫皖中央分局和鄂豫皖革命军事委员会。不久，中共鄂豫皖省委、鄂豫皖省苏维埃政府相继成立。

(资料来源　邹荣：《鄂豫皖苏区统一进程研究》，载于《赣南师范学院学报》，2015年第2期，节选，有修改)

---

① 郑位三同志谈话记录(第2次)，1958年12月15日，湖北省档案馆，SZA—2994。

No. 6　中国工农红军纪念碑和红四方面军指挥部旧址

场点描述：1931 年 11 月 7 日，红四军、红二十五军合编为中国工农红军第四方面军，在七里坪镇西门外河滩上召开成立大会，徐向前任总指挥，陈昌浩任政治委员，刘士奇任政治部主任，部队有 3 万多人。后来，这支部队成为中国三大主力红军之一，为中国革命立下不朽功勋。红四方面军指挥部旧址和中国工农红军纪念碑见图 4-22 和图 4-23。其中，中国工农红军第四方面军诞生地纪念碑位于七里坪镇西门外河滩上。1979 年 10 月，红安县革命委员会在此修建纪念碑。纪念碑占地面积为 1200m^2。碑为方柱形的钢筋混凝土建筑物，高 16m。碑的正面和背面镶满汉白玉，正面镌刻着徐向前题写的碑名"中国工农红军第四方面军诞生地"，背面镌刻着红安县革命委员会撰写的碑文。

图 4-22　红四方面军指挥部旧址

（杨志宏 摄，2017）

图 4-23　红四方面军诞生地纪念碑

（杨志宏 摄，2017）

教学资料：

从七里坪走出的 3 支红军部队

1927 年爆发的黄麻起义，造就了 3 支能征善战的革命军队（图 4-24）。这 3 支军队分别为：中国工农红军第四方面军（简称红四方面军）、中国工农红军第二十五军（简称红二十五军）和中国工农红军第二十八军（简称红二十八军）。

一、中国工农红军第四方面军发展沿革

1927 年大革命失败后，中国共产党于 8 月 7 日在汉口召开了著名的"八七会

议”，会议决定在全国各地进行武装起义。在会议精神的指导下，黄安、麻城两县的农民武装和数万群众，在潘忠汝、吴光浩、戴克敏等同志的指挥下，于 1927 年 11 月 13 日举行了著名的黄麻起义，一举攻克了黄安城，成立了鄂豫皖边区第一个农民政权——黄安县农民政府，组建了中国革命军鄂东军，对外又称农民革命军，全军共 300 余人，潘忠汝任总指挥，吴光浩、刘光烈任副总指挥。1927 年 12 月，在国民党重兵追剿下，潘忠汝牺牲，鄂东军余部 72 人在吴光浩等人的带领下，转移至位于湖北黄陂县(今武汉市黄陂区)的木兰山，他们成为红四方面军的源头。

图 4-24　3 支军队纪念碑(杨志宏 摄，2017)

1928 年 1 月初，鄂东军领导人在木兰山祖师殿举行会议，根据湖北省委(当时称中共湖北省特别委员会)的命令，将部队改编为中国工农革命军第七军，吴光浩任军长，戴克敏任党代表。7 月，第七军在柴山堡尹家嘴召开负责人会议，根据上级指示，将工农红军第七军改编为中国工农红军第十一军第三十一师，吴光浩任军长兼师长，戴克敏任党代表，全师共 120 人。

1929 年，随着商南起义、六霍起义等武装起义的爆发，红十一军的第三十二师、第三十三师先后建立，并各自建立了一块革命根据地。由于吴光浩于 1929 年 5 月初率队赴商南开辟工作时，在路途遇敌袭击，不幸牺牲，红十一军没有统一的指挥。考虑到鄂豫边割据区战略地位极为重要，中央军委派徐向前于 1929 年 6 月到红三十一师担任总指挥。

1930 年 2 月，中共中央决定将湖北的黄安、麻城、黄陂、孝感、罗田(后又增加了应山、安陆)，河南的商城、光山、固始、潢川、息县(以后又增加了罗山)，安徽的六安、霍山、英山(今属湖北)、霍丘、颍上、寿县、合肥等县,划为鄂豫皖边特别区委员会,在湖北省委的领导下,建立中共鄂豫皖边特别区委员会。3月,中央又发出指示,决定将红三十一师、三十二师、三十三师编为中国工农红军第一军。3月下旬,红一军正式成立,军长为许继慎,政治委员为曹大骏,副军长为徐向前。

1931年1月,红一军与红十五军在湖北麻城县福田河胜利会合。两军根据中央决定,合编为中国工农红军第四方面军,旷继勋任军长,余笃三任政治委员,徐向前任参谋长。全军共7个团约12 000余人。红四方面军成立后,经过双桥镇战役,兵力猛增至15 000余人,初步形成以“狠、硬、快、猛、活”为核心的战斗作风,国民党称之为“最强悍的赤匪”。①

1931年7月,鄂豫皖特区军事委员会发出通令,决定对地方武装组织加以整编,同时加强其军事政治训练,以应对敌人必将而来的新一轮“围剿”。11月7日,中国工农红军第四方面军在黄安县七里坪镇成立。选择这个日子在七里坪镇成立红四方面军,徐向前在《历史的回顾》中说:“一是为了庆祝十月革命节;二是七里坪乃当年黄麻起义队伍首次集合攻打黄安的出发地,因而也是大别山区第一支工农红军的诞生地。”红四方面军下辖第四军和第二十五军,总兵力约3万余人,徐向前任总指挥,陈昌浩任政治委员。

红四方面军成立后,于1931年11月11日从七里坪镇挥师南下,发起黄安战役,历时月余,总计歼敌15 000余人(内生俘近万)。黄安城获得第二次解放。为纪念黄安战役的伟大胜利和表彰黄安人民的革命斗争精神,黄安县委、县苏维埃政府根据中央分局的决定,宣布将黄安县改名为红安县。此后,又取得韩摆渡、苏家埠两次战役的胜利。至此,鄂豫皖革命根据地扩展至26个县,总人口达350余万人,红四方面军主力发展至50 000余人,革命烈火燃遍大别山区。

随着敌人的第四次更大规模的“围剿”,红四方面军在徐向前的指挥下,转战鄂豫皖三省,与敌展开了英勇的斗争。但由于张国焘的战略指导上的错误,战局每况愈下,红军主力处于四面受敌、危危可及的状态。中央分局在红安县黄柴畈召开紧急会,决定红四方面军总部率红四军第十、十一、十二师和红二十五军七十三师以及少共国际师跳出根据地,暂到平汉铁路以西活动,以后伺机打回根据地。1932年10月11日,红四方面军从红安县四姑墩地区出发向西转移。转移途中,敌人调集大批部队跟踪追剿,红四方面军最后被迫放弃打回根据地的计划,西行转战三千里,进入陕南、川北地区,在那里创立了川陕革命根据地。

---

① 参见少华著:《红四方面军》上册,湖南人民出版社,2016年,第124页。

二、中国工农红军第二十五军发展沿革

中国工农红军第二十五军于1931年10月25日在安徽省金寨县麻埠镇成立，旷继勋任军长，王平章任政治委员。下辖七十三师（师长刘英，政委吴焕先），辖红217团、218团、219团。

1932年1月中旬，在安徽金寨县麻埠镇以红四方面军31团和五星县独立团一部为基础组成七十五师，廖荣坤任师长，戴克敏任政治委员。下辖红223团、224团、225团。

1932年5月中旬，在安徽金寨县白塔畈由独立第三师组成七十四师，汪明国任师长，戴季英任政治委员，辖红220团、221团、222团。

1931年11月7日，红二十五军在湖北黄安县七里坪镇与红四军合编为红四方面军。旷继勋任红二十五军军长，王平章任政治委员。1932年7月蔡申熙调任红二十五军军长。

1932年11月30日，红二十五军在湖北黄安县檀树岗村南河滩重建，吴焕先任军长，王平章任政治委员。下辖七十四师（徐海东任师长，戴季英任政治委员）、七十五师（姚家芳任师长，高敬亭任政治委员）。

1933年4月初，红二十五军和红二十八军在湖北麻城县大畈会和，两军合编为红二十五军。吴焕先任军长，戴季英任政治委员，廖荣坤任副军长。下辖七十三师（廖荣坤任师长，王少卿任政治委员）、七十四师（徐海东任师长，戴季英任政治委员）、七十五师（姚家芳任师长，高敬亭任政治委员）。

1933年7月中旬，七里坪战役失败后，红二十五军进行了整编，撤销了七十三师番号。徐海东任军长，戴季英任政治委员，郭述申任政治部主任。下辖七十四师（徐海东任师长，周化贤任政治委员）、七十五师（姚家芳任师长，高敬亭任政治委员）。

1934年4月16日，红二十五军和红二十八军在金寨县的豹子岩会师，4月17日两军合编为红二十五军。徐海东任军长，吴焕先任政治委员。下辖七十四师（梁从学任师长，姚志修任政治委员）、七十五师（丁少卿任师长，高敬亭任政治委员）。

1934年11月11日，红二十五军在罗山县殷家湾和何家冲进行整编，撤销师一级编制。程子华任军长，吴焕先任政治委员，徐海东任副军长，戴季英任参谋长，郑位三任政治部主任。直辖223团、224团、225团、手枪团。

1934年11月16日，红二十五军从河南罗山县何家冲出发，开始长征。

三、中国工农红军第二十八军发展沿革

1932年秋，红四方面军退出鄂豫皖革命根据地。中共鄂豫皖省委于12月30日在麻城县大畈（今河南新县）召开临时紧急会议。会议决定组建红二十八军。1931年1月初，红二十八军在大畈正式成立，廖荣坤任军长，王平章任政治委员。下辖两个团：以七十四师221团改为第244团；留在皖西北的原红二十七军2团改为第246团；先已到达皖西的红二十五军特务营改为红二十八军特务营。全军3000余人。

红二十八军组建后即开赴皖西北，与敌人开展斗争。1933年4月初，红二十五军转回麻城县大畈地区。这时，红二十八军也由皖西到达此地。两军会合后，为加强红二十五军，进一步集中兵力对付敌人的"清剿"，中共鄂豫皖省委决定，将红二十八军编为红二十五军七十三师，廖荣坤任师长（后为周希远），王少卿任政治委员。

1933年10月，红二十五军从皖西向鄂东北行动，在通过潢（川）麻（城）公路时，被敌人分割，后卫部队1000余人由副军长徐海东率领转回皖西地区。10月11日，中共皖西北道委在南溪东北之吕家大院召开会议，决定将这一部分部队编为第八十四师，与活动在皖西北的红八十二师再组成中国工农红军第二十八军，坚持在皖西北地区斗争。新组建的红二十八军，徐海东任军长，郭述申任政治委员。

1934年4月中旬，红二十五军和红二十八军在河南商城东南部的豹子岩会师。根据鄂豫皖省委"对红军二十五及二十八两旧部完全编为二十五军"的决定，红二十八军重新编入红二十五军。

1934年11月，在红二十五军西征后，鄂东北道委根据鄂豫皖省委的指示，将罗山教导营、光西战斗营和红二十五军西征后留下的鄂东北独立团部分指战员重新组建了鄂东北独立团，共300余人。1935年2月，高敬亭在太湖县凉亭坳主持召开干部会议，并根据鄂豫皖省委的指示，决定重新组建红二十八军。这是红二十八军的第三次组建，高敬亭任政治委员，军长未设。

红二十八军第三次重建后，在与中央主力部队失联的仅3年时间里，以不足2000人的兵力牵制了国民党17万正规军和10多个地方保安团，转战鄂豫皖大别山多个县，粉碎了国民党反动派的多次大规模进攻。尽管红二十八军也曾尝试战略转移，西征陕南寻找红二十五军，但因受国民党军队的激烈阻击未能成功，成为留守在鄂豫皖革命根据地上坚持斗争的战斗力量，使大别山革命红旗不倒，保存了鄂豫皖革命根据地。

在全面抗日战争爆发后，1938 年 2 月，红二十八军在红安县七里坪镇改编为新四军第四支队，高敬亭任司令员，下辖七、八、九团和手枪团、直属队共 3 100 余人。1938 年 3 月 8 日，第四支队在七里坪镇河滩召开誓师大会，开赴抗日前线。

（资料整理人：陈雨萌）

4. **思考题**

（1）如何理解鄂豫皖革命根据地红色政权建设的历史地位和当代价值？

（2）如何解读根据地时期党组织、政权、军队、经济、文化建设的基本经验和当代价值？

路线三：以庙咀湾村为中心的陂安南县革命遗址群

陂安南县革命遗址群（图 4-25、图 4-26）位于红安县西南的高桥镇（现名为詹店镇）庙咀湾村，距离县城 15km。陂安南县革命遗址群包括陂安南县革命旧址、陂安南县苏维埃政府旧址、陂安南县革命法庭旧址、陂安南县苏维埃政府政治保卫局旧址、陂安南县医院旧址、陂安南县合作饭堂旧址、陂安南县童子团少先队妇女会旧址、陂安南县油印局旧址、陂安南县列宁小学旧址、陂安南县兵工厂旧址、陂安南县总工会旧址等。

图 4-25　陂安南县革命旧址简介（朱桂莲 摄，2017）

1931年6月，中共鄂豫皖中央分局决定建立陂安南县，将黄安县高桥、八里、平安3个区及桃花区的一部分和黄陂县塔耳、姚集、碾子、长堰4个区划归陂安南县管辖。同月，陂安南县第一次工农兵代表大会在高桥区庙咀湾戴氏祠堂召开，会议选举产生了陂安南县苏维埃政府，李先念当选为主席，程金台、詹献庭、朱贵松当选为执行委员。陂安南县苏维埃政府决定，将政府机关所在地庙咀湾改名为“中华市”，将詹店街改名为“列宁街”。为纪念江竹青、熊邦山烈士，将詹店街南门命名为“竹青门”，北门命名为“邦山门”。中华市是继七里坪镇列宁市之后中国苏区第二个红色市。鄂豫皖省委及陂安南县苏维埃政府旧址是湖北省重点文物保护单位。

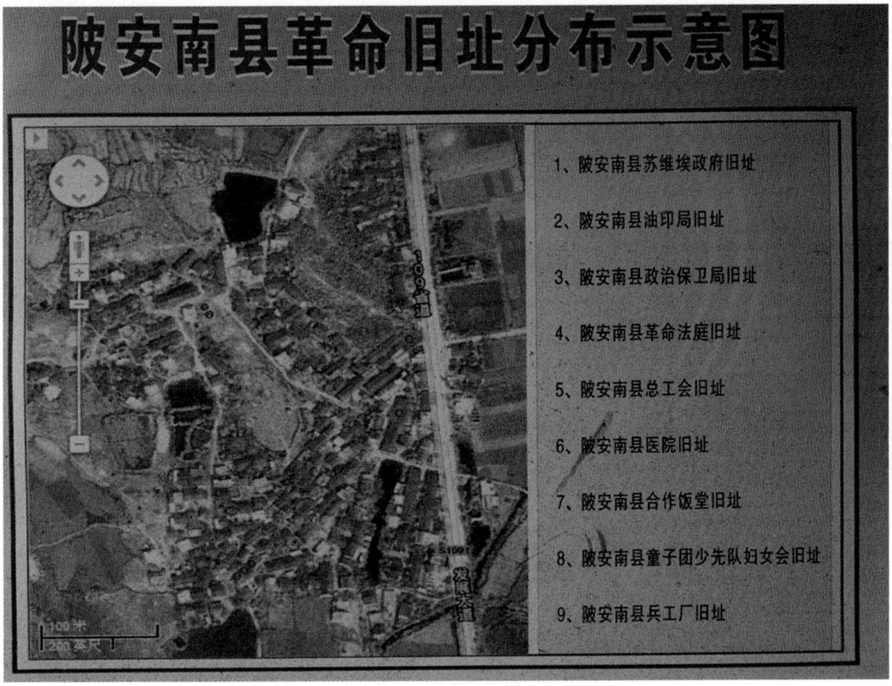

图4-26　陂安南县革命旧址分布示意图(朱桂莲 摄，2017)

由于陂安南县的建制后来被取消，红安县虽然对该处的革命遗址群进行了考察，明确了原政权机关和组织所在地，但由于修缮、保护的相关工作还未完全实行，损坏比较严重。该教学路线主要选择陂安南县苏维埃政府旧址、陂安南县革命法庭旧址、陂安南县政治保卫局旧址、陂安南县总工会旧址等教学场点。

1. 教学主题

陂安南县革命旧址群考察。

2. 教学重点

(1)鄂豫皖特区苏维埃政府成立后,中共在湖北设立的县、市情况。

(2)鄂豫皖革命根据地建设的历史与经验。

3. 教学场点

No. 1　陂安南县苏维埃政府旧址

场点描述:陂安南县苏维埃政府旧址(图 4-27)位于高桥镇庙咀湾,砖木结构,硬山顶,布瓦铺盖。1931 年 6 月,中共中央鄂豫皖分局决定建立陂安南县,划黄安县的平安、高桥、八里 3 个区和桃花区的一部分,以及黄陂县塔耳、姚集、碾子、长堰 4 个区为辖区。陂安南县苏维埃政府设在庙咀湾,李先念为县苏维埃政府主席,程金台等为执行委员,党政军及其他机关均设在庙咀湾。

图 4-27　陂安南县苏维埃政府旧址(杨志宏 摄,2017)

No. 2　陂安南县革命法庭旧址

场点描述:陂安南县革命法庭旧址(图 4-28)位于高桥镇庙咀湾。坐西朝东,砖木结构,悬山顶,布瓦铺盖。1931 年 6 月,陂安南县革命法庭设于此,法庭主席为詹献庭。现只剩余门牌,房屋已被毁。

图 4-28　陂安南县革命法庭旧址(杨志宏 摄,2017)

No. 3　陂安南县总工会旧址

场点描述:陂安南县总工会旧址(图 4-29)位于高桥镇庙咀湾,坐北朝南,砖木结构,硬山顶,布瓦铺盖。1931 年,陂安南县总工会驻于此。现为村民住宅。

图 4-29　陂安南县总工会旧址(杨志宏 摄,2017)

No. 4　陂安南县政治保卫局旧址

场点描述:陂安南县政治保卫局旧址(图 4-30)位于高桥镇庙咀湾。坐北朝南,砖木结构,悬山顶,布瓦铺盖。1931 年,陂安南县政治保卫局驻于此。1942 年,陂安南县财政科在此建卷烟厂,办厂初期生产烟丝,后缴获一些旧机器,开始生产卷烟。如"三三牌""女将军牌""双鱼牌"等香烟畅销各地。

图 4-30　陂安南县政治保卫局旧址（杨志宏 摄，2017）

教学资料：

鄂豫边区的“建设县”——陂安南

抗日战争时期的陂安南革命根据地，是鄂豫边区敌后根据地 38 个基本县份中辖区最多、范围最广、机构最健全的根据地之一。它的建立经历了 3 年艰苦曲折的斗争历程。在中共鄂豫边区党委和新四军第五师的领导与支持下，得到较快的发展。1943 年被鄂豫边区党委定位为“建设县”。

一、陂安南革命根据地的建立

陂安南是黄陂县北部部分地区和黄安县南部部分地区的合称。陂安南革命根据地的创建始于 1939 年 2 月，1942 年 8 月基本形成。这个过程大体可分为 3 个阶段。

第一阶段，1939 年 2 月—1940 年 2 月，是根据地创建的发动阶段。这一阶段主要以恢复和发展各级党组织，建立和发展抗日武装为主要内容。

第二阶段，1940 年 3 月—1942 年 2 月，是安南革命根据地的初创阶段。这一阶段主要以保卫安南，反击顽固派，扫清绊脚石，建立抗日民主政权为主。此阶段付出了血的代价。

第三阶段，1942 年 3 月—8 月，合并安南、陂北两地党政军领导机构，陂安南革命根据地正式形成。

陂安南革命根据地范围东迄安宋公路，西抵滠水河，南达仓子埠和黄陂城，北到黄安城，辖河口、安麻、李集、陂城、甘棠 5 个区委和金育（原詹店）、张紫（后改名为蔡祠）、清白、双合、兰馥 5 个中心乡，总人口 60 余万人，是鄂豫边区最大的根据地之一。

二、陂安南革命根据地的巩固

陂安南革命根据地的建立，为新四军第五师和鄂东抗日武装提供了一块坚实的活动基地。它既能接应武汉北端的抗日活动，又能守卫第五师主力，是大悟山指挥地的东南屏障，成为第五师实施战略任务的主要活动地区之一。而敌人则极为不安，欲除之而后快。仅 1941 年 5 月—11 月，敌人以分进合击的战术先后对根据地进行了 3 次“蚕食”性重点“扫荡”，妄图摧毁这一屏障。1942 年冬至 1943 年 5 月，陂安南军民配合新四军第五师和鄂东军分区部队对敌作战数十余次，多次袭击伪军据点，破坏敌人公路桥梁，捣毁日军电话交通线，击毙伪军数十余人。

陂安南军民在保卫根据地的过程中，发扬了土地革命时期“男将打仗，女将送饭”的优良传统，群众经常冒着炮火为子弟兵背弹药、送茶饭，并组织运输队、看护队、慰劳队等支援主力部队。每当第五师打了胜仗，他们便挑着粮、抬着猪羊，敲锣打鼓到根据地慰问将士们。陂安南革命根据地日益巩固。

三、陂安南革命根据地的建设和发展

1942 年 3 月 1 日，鄂豫边区第一届抗日人民代表大会在京山县向家冲召开，大会通过了《鄂豫边区施政纲领》，对统一战线、抗日武装、“三三制”民主政权、减租减息、发展生产、统一财政、普及文化教育都作了明确规定。陂安南县委、县政府积极响应边区党委的号召，开展了经济、文化、地方军和民兵等方面的建设。

1. 经济建设

陂安南县委、县政府按照《边区党委关于经济建设的决定》和根据地的实际情况，采取了一系列相关措施，紧张而有序地开展经济建设。第一，开展生产运动。根据地领导把农业生产当作经济建设的中心来抓，开展了以兴修水利、精耕细作、开荒生产为主要内容的生产运动，出台了一些宽松的经济政策。第二，注重发展内部经济和对外贸易。第三，实行减租减息和合理的税赋。第四，发展手工业。这些手工业的发展除了满足军民生活需求外，还为繁荣根据地经济起了很好的作用。陂安南县的经济建设有声有色。全县物价稳定，市场繁荣，军民生产生活水平大有改善，财政渠道畅通，经济发展迅速。较之相邻的安麻、安礼两县，发展最好的要数陂安南县。蓬勃发展的经济建设为根据地打下了坚实的发展基础。

2. 文化建设

陂安南县的文化建设与经济建设同步发展。文化建设主要是文化宣传工作和学校教育两个方面。在县委、县政府的领导下，党政军一齐抓文化宣传，其宣传形式多样，不单有座谈会、演讲会等口头宣传，还有传单标语、布告、报刊等文字宣传，其中县内编印的刊物《农救新闻》在根据地影响较大。最具特色的要数文艺宣传，歌曲、戏剧、鼓书、渔鼓均为群众喜闻乐见，收效显著。如安南文教救国会自编自演的活报剧《三个魔鬼》，揭露了希特勒、墨索里尼、东条英机的侵略罪行，调动了根据地军民的民族自尊心，极大地激发了根据地军民的抗日热情。根据地文化建设迅速发展，既提高了广大群众的文化水平，又培养了大批人才，对根据地的建设和发展起了重要作用。

3. 地方军和民兵建设

陂安南县委、县政府本着“一切服从战争”的原则，遵照中共中央军委的指示，加大力度发展地方军和民兵建设。陂安南县的地方武装主要有县大队、区中队三分队和武工队、自卫团等几种形式，他们是坚持地方游击的骨干力量，在保卫党政机关、保卫秋收、剿匪除霸、建立税收、贯彻政策法令以及配合第五师主力部队作战、积极袭扰日伪军、反击进扰顽军等斗争中，发挥了较大的作用。地方军和民兵建设进一步壮大了根据地人民的革命力量，加速了抗日战争胜利进程。

陂安南根据地经济、文化、军事发展迅速，成效显著。1943 年豫鄂边区党委将陂安南县定为“建设县”。1944 年根据地由原辖 5 个区委，增至 11 个区委。至此，陂安南根据地发展到了极盛时期。

（资料来源　孟晓慧：《鄂豫边区的“建设县”——陂安南》，载于《地方革命史研究——湖北省新四军研究会十堰会议和咸宁年会专辑》，2000 年 12 月，有修改）

4. 思考题：

（1）如何理解陂安南革命根据地建设中的基本经验和当代价值？

（2）如何理解新民主主义革命时期陂安南革命根据地的历史贡献？

路线四：红安县档案馆

红安县档案馆是红安基地办公室所在地，是国家一级档案馆，其馆藏资源非常丰富，其中有165 183卷档案，分为1923—1948年民国时期黄安县的国民党、政府和机关团体的档案，1949年4月至中华人民共和国成立前革命历史档案，中华人民共和国成立之后党政机关、团体档案。另外，红安县档案馆还保存了中华人民共和国领导人、将军等名人档案，共52人1560件。红安县档案馆作为保存红安历史资料等典藏的地方，可以为教学活动提供准确性、系统性、实用性的资料。在红安县档案馆内，主要的现场体验教学场点有红安县历史展馆和《红星照耀中国》展馆。

1. 教学主题

参观大型图片展。

2. 教学重点

(1)《红安记忆》——档案文献图片展。

(2)《红星照耀中国》——外国记者眼中的中国。

3. 教学场点

No. 1　《红安记忆》档案文献图片展馆

场馆描述：《红安记忆》档案文献图片展馆(图4-31)位于红安县档案馆内，展馆分两层陈列。其中，一层是红安县档案馆、将军和名人的介绍；二层是红安县的历史，包括红安县的过去、现在和未来展望。

图4-31　《红安记忆》档案文献图片展馆(朱桂莲 摄，2017)

教学资料：

场馆教学内容

一、红安县档案馆、将军和名人介绍

1. 概述

本展示部分主要展示红安县档案馆建筑的文化蕴涵及其馆藏资料情况、38位将军和历史名人，以及历届各级国家领导人参访红安县的情况。

2. 重点展览材料

(1)红安县名称中“红”的来历。

(2)“铜锣”等红安红色文化的历史符号。

(3)红安县档案馆馆藏资源及其分布。

(4)董必武、李先念、郑位三等38位名人和将军的光辉足迹。

(5)历届各级国家领导人参访红安县的图片。

二、红安县的建县历史

1. 概述

本部分主要展示黄安县的来龙去脉、古黄国的地域范围、明代建县后的版图。

2. 重点展览材料

(1)古黄国疆域示意图。

(2)《明史·地理志》对黄安建县的记载。

(3)黄安县地域变迁图。

(4)古代黄安县历史名人、“黄安八景”。

三、黄土风云

1. 概述

本部分主要展示20世纪初一批红安县先进知识分子投身革命洪流，率领红安人民26年红旗不倒的传奇，以及让小小红安县成为湖北乃至中国革命重要地区的历史。

2. 重点展览材料

(1)黄安县建党。

(2)黄麻起义。

(3)首提“红军”。

(4)走出了3支红军主力部队。

(5)列宁市——鄂豫皖革命根据地中心。

四、抗战纪实

1. 概述

本部分主要展示红安地区党和人民在抗战时期的历史贡献。

2. 重点展览材料

(1)抗战时期的电报、战争遗址等。

(2)抗日根据地示意图。

五、迎接解放

1. 概述

本部分主要展示红安地区党和人民在解放战争时期的事迹。

2. 重点展览材料

(1)战争遗址图片。

(2)解放战争时期的电报、通告等。

六、中华人民共和国成立后的红安

1. 概述

本部分主要展示中华人民共和国成立以来红安县政治、经济、文化、社会建设情况。

2. 重点展示材料

(1)政治建设。

(2)经济建设。

(3)文化建设。

(4)社会建设。

七、地灵人杰的红安

1. 概述

本部分主要展示红安县从古至今的历史名人。

2. 重点展示材料

(1)耿定向。

(2)阮复。

(3)董必武。

(4)李先念。

(5)郑位三。

八、民俗风情

1. 概述

主要展示红安县的民俗、物产、民间艺术。

2. 重点展示材料

(1)红安绣鞋垫、剪纸、皮影戏、高跷等民间艺术。

(2)民间习俗。

(3)饮食特产(红安苕、老君眉茶、红安花生等国家地理标志产品)。

(4)宗教文化(佛教、道教)。

No. 2 《红星照耀中国》展馆

场馆描述:《红星照耀中国》展馆(图4-32～图4-34)位于红安县档案馆内。这个图片展陈列了埃德加·斯诺、海伦·斯诺、艾格妮斯·史沫特莱、杰克·贝尔登、罗曼·卡尔曼、冈瑟·斯坦因、瓦尔特·博斯哈德、埃文斯·卡尔逊、伊斯雷尔·爱泼斯坦、汉斯·希伯、詹姆斯·贝特兰、哈里森·福尔曼等对中国红色革命进行传播的国际友人的著作,以及他们拍摄的当年延安的生活片断。

图4-32 《红星照耀中国》展馆1(朱桂莲 摄,2017)

图 4-33 《红星照耀中国》展馆 2（朱桂莲 摄，2017）

图 4-34 《红星照耀中国》展馆 3（朱桂莲 摄，2017）

教学资料：

场馆教学内容

一、探寻红色中国

（一）埃德加·斯诺

1. 人物主要贡献

作品：《红星照耀中国》，又名《西行漫记》。

2. 重点展览材料

（1）与周恩来、毛泽东的会面照片。

（2）访问并居住武汉，与叶挺的合照。

（3）《密勒氏评论报》刊发的有关毛泽东的文章。

（4）《救国时报》刊发文章。

（5）毛泽东与斯诺的《谈话记录稿》。

（二）海伦·斯诺

1. 人物主要贡献

作品：《西行访问记》。

2. 重点展览材料

（1）采访毛泽东记录稿。

（2）采访朱德、贺龙、徐向前 3 位将军记录稿。

（三）艾格妮斯·史沫特莱

1. 人物特点及贡献

艾格妮斯·史沫特莱是第一位随八路军转战的女记者。

作品：《伟大的道路——朱德的生平和时代》《中国的战歌》。

2. 重点展览材料

（1）董必武接待外国记者照。

（2）新四军奇袭日军照。

（四）杰克·贝尔登

1. 人物特点及主要贡献

杰克·贝尔登是一位会说汉语并能与中国人直接交流的外国记者。

作品：《中国震撼世界》。

（五）罗曼·卡尔曼

人物特点及主要贡献：

罗曼·卡尔曼是著名摄影师，是第一位拍摄毛泽东、周恩来的记者。

（六）冈瑟·斯坦因

1. 人物特点及主要贡献

冈瑟·斯坦因是一位与毛泽东交谈时间最长的外国记者，曾与之畅谈12h。

2. 重点展览材料

(1)毛泽东亲自参与修改的日程表。

(2)《新华日报》《解放日报》上刊登的文章。

（七）瓦尔特·博斯哈德

1. 人物特点及主要贡献

瓦尔特·博斯哈德是第一位访问延安并见到毛泽东的欧洲记者。

2. 重点展览材料

(1)首次公开的5份个人档案。

(2)朱德亲笔签名的通行证。

(3)收录于《毛泽东选集》第二卷的“采访记录稿”。

（八）埃文斯·卡尔逊

人物特点及主要贡献：

埃文斯·卡尔逊是前海军陆战队军官，是抗日战争时期第一位深入抗日根据地考察并宣传八路军的英勇事迹的军官。作品《中国的双星》反映了国共两党的合作抗战。

(九)伊斯雷尔·爱泼斯坦

人物特点及主要贡献:

伊斯雷尔·爱泼斯坦是为数不多的几个加入中国共产党的外国记者之一,信仰马克思列宁主义。他被中国官方誉为中国共产党的优秀党员、杰出的国际共产主义战士。

作品:《中国未完成的革命》。

(十)汉斯·希伯

人物特点及主要贡献:

汉斯·希伯是加入国民革命军的犹太籍外国记者,牺牲于沂蒙山区。他被列入2014年民政部公布的第一批著名抗日英烈和英雄群体名录。

(十一)詹姆斯·贝特兰

人物特点及主要贡献:

詹姆斯·贝特兰是第一位披露皖南事变的英国女记者,《和英国记者贝特兰的谈话》一文被收入《毛泽东选集》第二卷。

(十二)哈里森·福尔曼

人物特点及主要贡献:

哈里森·福尔曼是一位对武器感兴趣,但对中国共产党更感兴趣的美国记者。

作品:《红色中国报道》(又译《北行漫记》)。

二、镜头里的中国革命

(一)革命圣地

革命圣地:主要表现陕北革命根据地地区——延安等地的风采。

(二)伟人风采

伟大风采:主要为毛泽东、周恩来等伟人的照片合影。

(三)人民军队

人民军队:主要表现共产党所领导的人民军队的风采。

(四)群众武装

群众武装:主要表现人民群众的训练与武装。

(五)延安生活

延安生活:主要表现整风运动、合作社、反战同盟等延安的革命生活与活动。

三、从木刻艺术看中国

馆内共有18副木刻画,作品历史横跨民主革命时期至中华人民共和国成立之后,全面反映了红色中国的风采与魅力。

4.思考题

(1)简述红安红色文化生成的自然、历史、政治、军事、经济、文化因素。

(2)简述红安人民在新民主主义革命时期的革命事迹及其历史贡献。

(3)回顾历史,缅怀英烈,思考我们应该做些什么来珍惜今天来之不易的幸福生活?

(4)历史上中国共产党是如何宣传自己和中国革命的?

(5)新时代我们应该如何宣传中国共产党和国家领导人?

(6)美好生活需求视野下如何更好地发挥红安县革命资源的价值?

第三节　专题讲座

本教学内容实施场地主要在红安县档案馆内的大会议室(图4-35)。专题讲座的教师由红安县档案馆推荐的红安革命历史研究的当地专家或中国地质大学(武汉)马克思主义学院专任教师担任。讲座的内容主要围绕红安红色文化、红安县红色革命历史、红安革命精神、红安革命的巨大历史贡献和时代价值展开,帮助学生了解红安县红色革命历史,感悟以坚定的革命信念、顽强的战斗作风、高尚的思想品德、无私的奉献精神为主要特征的红安精神。

图 4-35　地方史研究专家胡耿的专题讲座现场（何英 摄，2016）

图 4-36　地方史研究专家周少怀的专题讲座现场（何英 摄，2016）

一、教学任务

（1）帮助学生深入理解红安红色文化、红安县革命历史和精神及其在中国革命史上的独特地位。

（2）引导学生比较鄂豫皖革命根据地与其他革命根据地，尤其是湘鄂赣革命根据地的差异，体悟红安革命经验的时代价值。

(3)帮助学生感悟以坚定的革命信念、顽强的战斗作风、高尚的思想品德、无私的奉献精神为主要特征的红安精神。

二、教学内容

(1)红安将军们的传奇与精神。红安将军有200多位，既包括已经授衔的61名将军，解放后由军队转到地方的将领（如李先念、郑位三等），以及相当于将军一级的省、部级领导干部，也包括在革命战争年代已经牺牲的军、师级领导（如孙玉清、余云天等）。这些将军身上既有朴诚勇毅、坚定的理想信念等共性的东西，也有自己独特的成长经历和精神气质。比如李先念的“为旧社会打棺材”、吴光浩的“欲与天公试比高”、吴焕先的“破家闹革命”、田开寿的“宁砍八块肉，誓死保革命”、张南一的“死也要革命”、徐海东的“徐老虎”和“黄陂臭豆腐”、戴克敏的“山沟里的土马克思主义者”、郑位三的“红色管家”、董必武的“播火者”等。通过关于将军们传奇故事与精神的讲座，激发学生在了解红安县革命历史的同时，体悟革命先辈们高尚的思想品德和无私奉献精神。

(2)红安县革命历程及光辉业绩。红安革命的星星之火由董必武点燃后，从1923年到1949年的26年间，红旗不曾倒下。在26年的艰苦斗争中，红安人民为中国新民主主义革命做出了巨大的贡献。其中包括为中国共产党长期坚持鄂豫皖地区的斗争开辟和保存了一块赖以生存发展的坚实基地，即黄安革命根据地，并在这块基地上，先后走出了包括红四方面军、红二十五军、红二十八军在内的3支革命军队；为中国共产党指导鄂豫皖乃至其他地区的革命斗争提供了许多宝贵的经验，包括黄麻起义经验、创建根据地经验、游击战争经验等；为革命捐献了难以计数的生活物资用品并培养了一大批出类拔萃的革命人才。通过生动的历史回顾与讲解，使学生在了解红安革命历史的同时，体悟中国新民主主义革命的伟大壮举和雄壮篇章。

(3)红安精神及其当代传承。革命战争年代，红安人民在党的领导下，把马克思主义与红安县地域文化传统相结合，创造了具有地域色彩的独特红安精神。尽管历史上关于红安精神的文本表述非常丰富，但其本质和灵魂是坚定的革命理想和信念，是为人民无私奉献。通过诸如“两学一做”等专题讲座，帮助学生了解红安精神乃至中国革命精神及其在当代的传承，提升他们践行和传承中国革命红色精神的自觉性。

三、思考题

(1)如何对红安精神进行现代解读和阐释?

(2)美好生活需求视野下如何解读红安县革命家群体的集体选择?

(3)如何传承和弘扬好红安精神?

第四节　学术选题与实习报告撰写

一、学术选题

本教学内容主要是在中国地质大学(武汉)马克思主义学院指派的实习指导教师全面负责实施,学生在各自所在部门学习、收集和整理各种相关资料的过程中完成。

1. 教学任务

(1)通过对相关文献、档案资料的阅读和研究,增强理论联系实际的能力、运用学科专业知识的能力和科学研究的能力。

(2)引导学生正确理解和把握史料,增强运用马克思主义原理正确分析和解决问题的能力。

(3)指导学生选择和收集相关的党史资料,为思想政治理论课教学资源库建设积累资料。

(4)引导学生思考和研究相关主题,为毕业论文选题和研究积累素材。

2. 主要教学内容

(1)相关档案、文献资料的收集和研读。

(2)指导学生围绕相关主题进行选题思考。在对相关文献资料的收集、归类和研读的基础上,指导学生开展对如下问题的选题和思考。

(a)鄂豫皖革命根据地研究。包括鄂豫皖苏维埃政权的建立与发展、政权组织机构及其运行方式、鄂豫皖革命根据地建设的影响等方面的研究。

(b)红安籍革命人物及其思想研究。包括红安籍革命人物个体成长经历、理论贡献、家庭教育、精神特质等方面的研究。

(c)红安县革命历史及其对中国新民主主义革命的影响研究。包括黄麻起义、黄安苏维埃政权建立、清水塘会议、两大主力军和红二十八军的建立等重大历史事件的研究。

(d)红色革命中的报刊媒体研究。

(e)红安革命精神及其当代传承研究。

(f)红安革命根据地时期的建设(思想传播、组织发展、制度建设等)情况研究。

(g)红安县红色资源与教育教学和人才培养研究。

(h)红安红色文化的传承与文化自信、文化软实力研究。

(i)红安县红色文物与博物馆研究。

(j)红安县红色文化资源与地方经济发展研究。

(k)红安红色文化与传统文化的关系研究。

(l)红安县红色文学与艺术研究。

二、实习报告撰写

专业实习报告由参加毕业实习实训的学生以专业实习的经历为内容所撰写,包括毕业实习实训的目的、意义、时间、地点、过程、感悟、建议等,要重点阐述对在实习过程中通过各教学环节和教学内容的学习所引发的相关主题的深入思考。撰写实习报告是最能把收集、整理、取舍专业知识的能力,发现问题、分析问题和解决问题的能力等各种能力综合起来的教学环节。

1. 教学任务

(1)提升学生获取资料信息及分析问题、综合运用的能力。

(2)锻炼学生论证方案,整理、分析比较资料和数据的能力。

(3)增强学生理论联系实际、撰写报告、语言文字输出的能力。

2. 主要教学内容

(1)指导学生整体构思报告行文框架以及选择并合理运用材料。

(2)详细指导学生撰写实习报告,指导的具体内容有:各部分内容的文字展开,段落、语句间的逻辑关系,词汇、标点符号的准确使用。

(3)指导学生按实习报告的格式规范地撰写报告。

第五章 思想政治教育社会实践的教学内容

社会实践是针对思想政治教育本科学生的专业课开设的实践教学环节。社会调查也是思想政治理论课的实践教学环节。尽管这两个教学环节分别属于不同的课程，在选题的侧重点和范围上有所不同，但二者大多数教学工作都在校内进行。依托红安基地进行的校外教学课时为一周，一般在暑假进行，且都以社会调查的方式进行，所以，在教学内容的安排上，都以社会调查为参照。

第一节　校内教学内容

一、确定一个调查对象：学会选择有价值的主题

社会调查适用的范围比较广，常见的有市场调查、民意调查、学术调查、社会生活调查、社会问题调查等。作为思想政治教育专业实践环节的社会调查和作为政治理论课实践环节的社会调查，在依托红安基地开展活动时，一般的选题都会聚焦于红安县这片红色土地，围绕红安县的革命历史和当代的经济社会发展、人们的社会生活等方面来进行，带有学术性。比如，红安县红色文化资源的保护、开发和利用状况调查，红安县红绿色资源相结合促进地方经济社会发展的调查等。

1. 教学任务

（1）培养大学生关心国家、关注社会的责任意识。

（2）提升理论联系实际的能力，以及发现问题、分析问题的能力。

（3）增强学生了解中国社会现实和解决实际问题的能力。

2. 主要教学内容

（1）指导学生在众多的社会现象和社会问题中，选择公众关心、有调查价值的主题。

(2)指导学生把调查主题确定在可掌控、可操作、有能力驾驭的社会现象的范围内。

二、拟定一份调查计划书:培养学术性调查项目的写作能力

社会调查对象确定后,需要各个调研团队的小组成员分工合作,认真制订调查计划。计划的内容包括调查对象(范围、程度)、调查目的、调查内容、调查方法和手段、调查的路线及时间安排、调查所需的工具(如照相机、笔记本、电脑等)、经费、小组成员分工等。

1. 教学任务

(1)提升学生的写作能力、逻辑思维能力、活动策划能力和统筹安排能力。

(2)增强学生对相关资料的选择、分析能力。

(3)培养学生的团队合作精神。

2. 主要教学内容

(1)指导学生分工合作,进行资料收集和整理,撰写选题依据和文献综述。

(2)指导学生对调查对象进行分层剖析,明确调查的主要内容、相关因素及要解决的问题。

(3)指导学生选定调查要使用的具体方法,并明确调查活动的时间、地点和路线安排。

三、制定一份问卷(访谈提纲)

社会调查除了实地考察、参观体验外,一般还需要以问卷或访谈的形式开展。一份有效的调查问卷或访谈提纲,实际上就是调查报告的主要内容框架。因此,在社会实践(调查)活动的校内教学阶段,需要各个调研团队的小组成员分工合作,制定一份针对选题范围和调查对象的问卷或访谈提纲。

1. 教学任务

(1)培养学生理论联系实际的能力,以及分析问题和解决问题的能力。

(2)培养学生的团队合作精神。

2. 主要教学内容

(1)详细指导学生制定问卷(访谈提纲)设计的基本思路、原则方法、步骤及注意事项。

(2)指导学生分工合作,根据调查的主要内容和所要解决的问题制定出有效

的问卷(访谈提纲)。

第二节　校外教学内容

根据社会实践(调查)计划的行程安排,进驻红安基地后,需要进行为期一周左右的实地调查,针对特定的人物分发问卷或实施访谈,为后期的调查报告撰写积累素材。

1. 教学任务

(1)引导学生在实地考察中了解红安、贴近红安、感悟红安,并在此基础上强化学生关心国家、关注社会现实的意识。

(2)引导学生将强烈的使命感转化为学习、服务、实践、奉献等实实在在的行动,并把行动变为对社会的责任。

(3)增强学生的沟通协调能力。

2. 主要教学内容

(1)指导学生作好调查记录,包括照片、录音、调查对象、调查时间和地点、记录人、访谈的具体问题(问、答)等。

(2)在学生实地参观红安县红色革命遗址时进行现场讲解。

第三节　实践报告的撰写

有了足够的材料积累,并收集、分析了数据之后,就可以正式撰写社会调查报告了。社会调查报告的撰写应遵循一个相对固定的格式。

1. 教学任务

(1)提升学生获取资料信息的能力及分析问题、综合运用的能力。

(2)锻炼学生论证方案及整理、分析比较资料和数据的能力。

(3)增强学生理论联系实际、撰写报告、语言文字输出的能力。

2. 主要教学内容

(1)指导学生对问卷(访谈提纲)进行数据整理、分析。

(2)详细讲解社会调查报告的撰写过程,包括调查的标题、框架结构、格式规范、注意事项和基本要求等。

第六章 思想政治教育实践教学的组织与管理

>>>

依托红安基地的实践教学要想取得良好的教学效果，最重要的就是做好教学活动的组织实施和管理工作。如做好顶层设计，制定好方案，规划好教学的组织与管理的程序，确保教学活动的方向性、程序性、可操作性，增强实践教学活动实施的针对性、实效性。

第一节 实践教学的组织与程序

教学组织是实践教学的实施步骤，一个具有指导性和操作性的教学过程组织设计是保证教学顺利实施的前提和关键。红安基地不仅是思想政治教育专业本科毕业生的专业实习基地，同时也是思想政治教育专业其他年级本科生和研究生的社会实践和社会调查基地。依托红安基地的实践教学组织与程序包括专业实习教学的组织与程序和社会实践教学的组织与程序。

一、专业实习教学的组织与程序

1. 实习动员与准备阶段

实习前，由思想政治教育系负责组织，分管学院领导和带队老师参加，召开实习动员大会，使学生了解实习的目的、内容、安排以及要达到的实习目标，从思想上、态度上和物质上做好实习准备。

(1)由思想政治教育系主任介绍实习实训的目的、意义，红安基地负责人介绍红安实习实训的基本情况和要求。

(2)由实习带队老师介绍实习安排、实习内容和实习要求等。

(3)由实习带队老师讲解实习实训的学术主题选择、相关资料文献的查阅方法、走访一个对象的相关知识和技能，以便学生提前作好实习知识储备。

(4)根据红安县相关实习部门可接受人数，对学生进行分组并对选定一个实习小组组长并对本小队的实习任务进行准备。

(5)熟悉实习指导书内容，了解红安县红色文化资源的分布、类型、特征，以及保护、开发和利用状况。

2. 实习实训基地教学阶段

基地实习阶段，带队老师带领学生在红安县县校合作服务中心安排的宿舍入住后，各小组同学根据事先的安排进驻实习单位，开展实习教学。

1)参与部门工作的业务实习

(1) 由实习单位的分管领导和指定的业务老师，对参与本单位实习的学生进行岗前培训，介绍实习期间工作的主要任务、要求。

(2)由实习单位指定的业务指导老师对学生的具体业务进行指导。

2)革命传统现场体验教学

(1)由实习带队老师带领，与学生一起在走访现场教学中的主要教学点时进行现场体验教学。

(2)由实习带队老师指导学生选定一个主题，由学生根据小组实际情况进行策划，包括实践活动前期准备时间节点和任务、实践活动中如何进行有效讨论、活动后如何进行实践成果总结等，以达到对小组整个学习活动进行周密策划的目的。

(3) 由实习带队老师指导学生在走访活动中观察、感悟，提高学生对红安红色文化的认识。

(4) 由实习带队老师指导学生查阅文献资料，结合走访活动材料，整理图片影像和文字资料，撰写走访专题报告。

3)专题讲座

(1)由实习带队老师负责、红安县相关单位引荐，联系红安县当地知名党史研究专家，到红安实习实训基地讲座。

(2)由实习带队老师组织，各实习小组组长具体负责，围绕专题讲座内容开展讨论。

(3)由学生撰写听讲座的学习心得和体会。

4)学术主题选择

(1) 由实习带队老师指导学生围绕学术主题参考范围，结合自己在实习单位的工作实践，确定自己的研究选题。

(2)由实习带队老师指导学生查阅、收集相关资料文献，为归类存档，为返校后的毕业论文作好准备。

3. 实习报告撰写阶段

实习后期，学生进入实习报告撰写阶段。实习报告的撰写有利于学生对实习期间的学习进行一个学术意义上的总结，阐述自己的观点，得出相关的结论，并提出合理的见解。同时，要求实习报告的章节内容安排合理，重点突出，逻辑严谨，图表内容准确、恰当、合理，图表设计美观，分析言之有据，建议有针对性。

(1)由实习带队老师指导学生确定研究选题，查阅与收集相关文献资料。

(2)由实习带队老师指导实习报告撰写格式，包括前言、正文内容、结束语的撰写要求。

(3)由实习带队老师指导实习报告的修改、定稿工作。

4. 实习实训总结阶段

实习结束后，要及时进行实习实训总结。

(1)由实习单位对参加本单位实习的学生进行实习评价。

(2)由实习带队老师对学生实习的表现给成绩、写评语、提意见，评选优秀实习报告，并及时汇总学生实习实训的总结报告，存档。

(3)由实习学生从责任心、课时安排、体验教学、现场教学质量、课程作业等方面为带队老师打分和提意见。同时民主评选出“优秀实习生”。

(4)由学院领导参与，思想政治教育系组织，实习带队老师和全体实习实训的学生参加，及时召开实习总结表彰会，总结实习体会与经验，反映实习效果，表彰“优秀实习生”和“优秀实习报告”。

二、社会实践(调查)教学的组织与程序

尽管社会实践和社会调查在活动主题选择的侧重点上有所不同，但在教学的组织和管理方面基本相同。

1. 社会实践(调查)的准备阶段

(1)社会实践(调查)活动开展前，由马克思主义学院学工组和思想政治教育系共同组织，分管学院领导和全体学院学生参加，召开社会实践(调查)活动任务下达大会，使学生了解社会实践(调查)的目的、内容、要求、安排以及要达到的活动目标，从思想上、态度上和生活上作好社会实践(调查)的准备。

(2)由学生根据自身实际组队，确认小组队长和组员。可以跨年级组队，组员人数一般为6～8人。社会实践(调查)小组成立后，队长和组员共同从马克思主义学院在职教师中选择自己认可的老师作为指导老师。

(3)学生和指导老师共同确定社会实践(调查)的选题，并在指导老师的指导下，由学生查阅资料，撰写社会实践(调查)的项目书和策划书。

(4)由马克思主义学院学工组领导，马克思主义社会实践(调查)的各团队参加，组织召开社会实践(调查)的项目答辩会。

(5)在指导老师的指导下，各团队根据确定的选题和答辩会上评委老师的意见，完善社会实践(调查)的活动安排，并查阅资料，做好社会调查问卷设计、访谈提纲等工作。

2. 社会实践(调查)的实施阶段

社会实践(调查)的指导老师与学生按照项目书策划的时间安排，到达红安县档案馆实习实训基地，入住基地安排的住宿地点后，开始实施社会实践(调查)活动。

(1)指导老师与学生按照社会实践(调查)的项目策划方案，按日程走访要参观访问的对象，进行访谈或发放和回收问卷。

(2)指导老师督促和指导学生撰写社会实践(调查)的日志，并指导学生适时调整下一次的活动方案。

(3)指导老师督促和指导学生撰写社会实践(调查)的宣传稿，并在相应的网络平台进行发布。

3. 社会实践(调查)的撰写阶段

在红安县档案馆实习实训基地的社会实践(调查)活动结束后，回到学校，就进入了社会实践(调查)报告的撰写阶段。

(1)指导老师督促和指导学生对访谈内容或调查问卷进行分析或统计。

(2)指导老师督促和指导学生撰写社会实践(调查)报告。

(3)由指导老师督促和指导学生修改社会实践(调查)报告并定稿。

4. 社会实践(调查)的总结阶段

(1)社会实践(调查)活动结束后，由马克思主义学院学工组领导、马克思主义学院团学联具体组织社会实践(调查)活动汇报会，评选出“优秀社会实践(调查)团队”和“优秀社会实践(调查)报告”。

(2)由学院分管教学的领导和思想政治教育系的系主任参加，召开社会实践(调查)活动总结表彰会，总结社会实践(调查)活动的体会与经验，反馈社会实践(调查)的效果，表彰“优秀社会实践(调查)团队”和“优秀社会实践(调查)报告”。

第二节 实践教学的过程管理

依托红安基地而开展的社会实践(调查)和专业实习，都需要在红安县进行或长或短的校外教学，需要基地发挥资源优势，整合住宿、交通、师资、场馆等多种资源。因此，必须把专业实习和社会实践(调查)的教学过程一起纳入统一的管理中，以便各项实践教学活动顺利展开，发挥红安基地的最大效能。

一、组织领导

1. 学院成立思想政治教育实践教学工作领导小组

领导小组负责社会实践的准备、组织、管理工作。组长由马克思主义学院院长、党委书记和分管教学的副院长担任，副组长由思想政治教育系的系主任、系支部书记和分管教学的系副主任担任。

2. 成立实践教学工作指导小组

实践教学工作指导小组具体负责思想政治教育专业教学工作。

(1)由马克思主义学院分管教学副院长、思想政治教育系的系主任和红安基地的主任组成实践教学工作指导小组。

(2)由思想政治教育系指定专业实习带队老师，一般为 3 人，原则上实习班的班主任必须参加，具体负责专业实习的教学工作。

(3)根据学生和教师的双向选择，确认思想政治教育专业本科团队和研究生团队的暑期社会实践的带队老师，具体负责社会实践教学工作。

二、实践教学管理的要求

红安基地的实践教学活动应按照教学规范进行严格的组织管理，给予学生详细的指导，确保实践教学活动质量。

(一)专业实习教学的管理要求

由于专业实习的时间一般为一个月左右，校外教学的时间较长，且学生分散在红安县多个相关单位，因此需要制定严格的管理细则，确保专业实习的顺利进行。

1. 对带队老师的基本要求

（1）带队老师在学生实习实训期间，必须驻扎在基地，全面负责学生的实习实训工作。

（2）带队老师应充分备课，在专业上给予学生详实、有效的指导，开拓学生的视野。

（3）带队老师应高度重视毕业实习实训教学期间的安全工作。在基地指导学生社会实践期间，应提醒学生注意宿舍、基地办公室的水电安全，以及人身及财产安全问题，防范实习过程中可能出现的各种安全隐患。

（4）带队老师应将自己的电话号码留给其所负责的学生，在指导实践教学期间，保持通讯畅通，并对学生所反映的问题给予及时指导。对发现的重大问题要及时通知各小组组长，并按照组长的意见作相应处理。

（5）带队老师应定期组织所有学生集中汇报和讨论，对实习过程中所存在的思想上的、学术上的、工作上的、生活上的各种问题进行处理，并安排学生作好工作记录。

2. 对学生的管理要求

（1）参加红安基地专业实习的学生为即将升入大学四年级的学生，这场实习是毕业前的社会实践活动，原则上必须按时参加，不允许缺席。

（2）所有学生必须服从马克思主义学院、思想政治教育系和红安基地关于专业实习教学的时间安排和实习单位分配。

（3）所有学生必须严格遵守实习基地住宿宿舍的管理制度，严格遵守实习单位的上下班制度，不迟到早退。遇到突发情况时，需向实习单位和带队老师请假。请假3日及以上的情况，需向思想政治教育系、马克思主义学院学工组提出书面申请。

（4）所有学生必须认真完成实习实训教学的各项任务，把学科理论知识与日常工作实践真正结合起来，做到理论联系实际、求真务实、学以致用。

（5）所有学生必须在言行举止方面严格要求自己，以良好的文明素养展示中国地质大学（武汉）马克思主义学院学生的形象。

（二）社会实践（调查）教学的管理要求

社会实践（调查）在红安基地的校外调查活动开展时间为一周左右。尽管时间不长，但在依托红安基地校外开展社会实践（调查）活动期间，仍然需要基地统一安排食宿，协调走访对象和各方资源，因而也需要对其教学过程实施严格管理。

1. 对指导老师的要求

（1）指导老师在接受指导学生社会实践（调查）的任务后，要帮助学生确定社会实践（调查）的主题，并指导学生完善社会实践（调查）的内容和安排。

（2）指导老师应参与学生团队校外社会实践（调查）的活动。学院批准并资助的社会调查重点团队的指导老师，必须全程参与该团队社会实践（调查）的整个过程。

（3）指导老师必须认真指导学生的社会实践（调查）报告的撰写。

（4）指导老师应高度重视学生校外社会实践（调查）期间的安全工作。应提醒学生注意宿舍、基地办公室的水电安全，以及人身及财产安全问题，防范实践过程中可能出现的各种安全隐患。

2. 对学生的要求

（1）各团队必须认真做好社会实践（调查）的准备工作，包括社会实践（调查）的主题或拟解决的主要问题、访谈或问卷调查的对象和内容以及活动的路线和时间安排。

（2）各团队必须积极主动与指导老师联系，寻求指导老师的指导与建议，并根据指导老师的建议完善社会实践（调查）的内容和安排。

（3）校外社会实践（调查）阶段，必须严格遵守实习基地住宿宿舍的管理制度，在言行举止方面严格要求自己，以良好的文明素养展示中国地质大学（武汉）马克思主义学院学生的形象。

（4）校外社会实践（调查）阶段，要以安全为第一原则，高度重视人身及财产安全问题，防范实践过程中可能出现的各种安全隐患。

（5）要认真完成社会实践（调查）报告的撰写，积极参加后期的评比活动。

第七章 思想政治教育实践报告的撰写

第一节 实践报告撰写的目的和要求

实践报告撰写是实践教学计划中一个重要的组成部分，是综合运用所学知识的一个重要教学环节，是提高学生知识、能力、素质的重要步骤，也是对学生实践效果进行评价的一个重要依据。做好实践报告撰写工作，对有效落实思想政治教育专业本科生实践教学质量具有重要意义。

(1)撰写实践报告的基本教学目的是培养学生综合运用所学基础理论、专业知识和基本技能，培养学生独立分析问题、解决问题的能力，培养学生勇于探索的创新精神、实践能力以及严肃认真的科学态度和严谨求实的工作作风。

(2)作为培养学生创新精神和实践能力的一次较为系统的训练，实践报告撰写应重视以下基本能力的培养：

①资料、信息的获取及分析问题、综合运用所学基础理论与专业知识的能力；

②方案论证、资料和数据整理、分析比较的能力；

③报告写作、文字表达的能力。

(3)实践报告选题必须符合本专业实践教学的基本要求，体现本专业实践教学的基本教学目的和内容，有益于学生综合运用所学的理论知识与技能，有利于学生独立工作能力、实践能力和创新能力的培养。选题的难度和工作量要适当，要能在教师的指导下顺利完成。

(4)专业实习报告原则上是一人一题，社会实践(调查)报告是每个团队负责一个主题。多个学生共同做一个主题的，必须明确每个学生独立完成的工作内容和要求，保证每个学生都受到全面的训练，并且具有各自的特点。

第二节　专业实习报告的写作技巧与方法

专业实习报告是指在专业实习期间需要撰写的对实习期间的工作、学习经历进行描述的文本。专业实习报告与其他实习报告一样，有着应用文写作的文体格式和要求。

一、专业实习报告的资料收集

从专业实习开始的那天起，就要注意广泛收集资料，并以各种形式记录下来（如写工作日记等）。丰富的资料是写好实习报告的基础。主要收集资料如下：

(1)在实践工作中，党的路线、方针、政策在工作中的贯彻执行。比如单位组织学习时，要弄清楚内容是什么、学习方式是什么、学习后的效果如何、对自己和同事们的思想有否提高等问题。

(2)专业知识在工作中的灵活运用。比如在红安县档案馆实习时，注意学习在史料的数字化录入、条目编撰、史料的整理和装订的过程中，该如何灵活运用本专业的知识；深入了解档案资料及红安县红色革命历史，以及在实践中是如何运用红安红色革命精神的，即把书本上学到的马克思主义的阶级立场、分析和解决问题的方法运用于实践中，在实践中寻求理论与实践的结合点；等等。

(3)观察周围同事是如何处理问题、解决矛盾的。实习是观察体验社会生活，将学习到的理论转化为实践技能的过程，所以既要体验还要观察。应让学生们从同事、前辈的言行中去学习，观察别人的优点和缺点，以此作为自己行为的参照。通过观察别人来启发自己也是实习的一种收获。

(4)实习单位的工作作风。如要弄清楚单位的工作作风对将来开展工作、发展自己、提高自己有什么启发；某些同事的工作作风、办事效率哪些值得学习，哪些要引以为戒；工作作风对工作、对事业会有怎样的影响；等等。

(5)实习单位的部门职能发挥情况。如对不同职能部门的工作作风、履行职能的情况的看法和认识。

二、专业实习报告的结构

专业实习报告一般应包括三大块内容：一是专业实习背景介绍，包括实习时间、地点、目的和任务等；二是实习过程，即专业实习的内容、环节和做法，包括将学校里学到的理论、方式方法运用到具体实践中，观察体验在学校里没有接触过的社会现实并观察它们是以怎样的形态或面貌出现的；三是实习体会、经验教训、今后努力的方向等，如在实践中发现自己的优势有团队协作意识强，善于根据自己的知识、能力挑战新工作，事后善于总结等。从实践中看到的不足有政治触觉不够敏锐、专业知识欠扎实、动手能力差等。专业实习报告正文内容的参考提纲如下。

第一部分　前言

(1)专业实习概况。包括毕业实习的目的和任务、实习内容、实习人员的组成、实习地点和时间的安排等。

(2)红安县红色文化资源概况。包括地理位置、行政区划、自然地理、人文历史和经济社会发展，以及红安县红色文化资源的分布、类型、表现形态、开发利用状况等。

第二部分　专业实习过程

(1)专业实习过程概述。包括实习单位介绍、承担的实习工作内容等。

(2)专业实习环节和做法。包括参与一个部门的工作、走访一个对象、聆听一个讲座、研究一个主题等方面的具体环节和做法。

(3)实习期间对红安县红色文化资源的主题研究。将各位同学实习期间所选择的研究主题，以及所展开研究的成果予以展示。要求主题研究成果以学术论文的形式展现。

第三部分　结语

(1)从总体上总结专业实习情况，可以比较简单，也可以比较详细。这部分内容主要是对工作的主客观条件、有利和不利条件以及工作的环境和基础等进行分析。

(2)总结专业实习的成绩和缺点。总结的目的就是要肯定成绩，找出缺点。要弄清楚以下内容：成绩有哪些，有多大，表现在哪些方面，是怎样取得的；缺点有多少，表现在哪些方面，是什么性质的，怎样产生的。

(3)总结专业实习的经验和教训。做过一件事，总会有经验和教训。为便于今后的工作开展，须对以往工作的经验和教训进行分析、研究、概括、集中，并上升到理论的高度来认识。

(4)给出专业实习的建议。根据专业实习的体悟和感受,对专业实习的教学工作给出建议和改进措施等。

三、专业实习报告写作的基本要求

(1)报告必须写自己的实习经历,可参考他人的资料,但不能抄袭,一旦发现,一律作零分处理。

(2)引用或从别处摘录的内容要标明出处。参考文献的标注方法一律采用文后注释。

(3)文章开头应有内容摘要和主题词。

(4)要求语言简练,符合公务文书的撰写要求。不要过多地以第一人称"我"来进行阐述。在第一段介绍了自己的实习时间、地点和分配到的任务后,下面的文字尽量少出现人称代词。报告字数要在3000字以上。

(5)专业实习报告一定要在指导老师的指导下完成。在实习单位实习一段时间后,要向指导老师提交报告的大纲,字数最好能在800字左右。大纲中写明报告的主要构架内容,得到指导老师认可之后再开始写作。在实习结束前一周将报告草稿交指导老师批改,直到指导老师认为合格后,再提交正式的专业实习报告。

第三节 社会实践(调查)报告的写作方法与技巧

一、社会实践(调查)报告的前提——调查研究

要想写出具有科学性、指导性的社会实践(调查)报告,必须进行深入细致的社会调查。科学的调查研究需要正确的指导思想、实事求是的态度以及科学的调查方法。最常用的社会调查研究现代化方法有数学方法、自然科学研究方法、定量和定性相结合的方法。在调查研究中,需要了解并掌握普遍调查、典型调查、个案调查、抽样调查以及文献调查、问卷调查、访问调查、观察调查等各种具体的调查方法,并对调查对象进行正确引导,确保其讲真话、讲实话。在实地考察时,要防止被假象所蒙蔽的问题出现,要透过现象看本质,确保调查的科学性。

二、社会实践(调查)报告的材料整理与分析

1. 社会实践(调查)报告的材料整理

对社会实践(调查)报告材料的整理,一般分成3个步骤:

(1)检查鉴别。首先检查社会实践(调查)报告材料是否契合研究的需要;其次要鉴别事实材料的真实性、数据的准确性,保证材料真实可靠,确实能反映客观实际。

(2)制作图表、数表。图表能以直观形象、信息量大等优势,帮助读者理解社会实践(调查)报告内容。

(3)分类分组。社会实践(调查)报告材料分类的标准,依研究目的而言,可按材料性质分为记录资料、文献资料、问卷资料、统计调查资料等。可根据研究的目的按年龄、性别分类,或按职业分类等。也可分为背景材料、统计材料、典型(人或事例)材料等。

2. 社会实践(调查)报告材料的选择

对社会实践(调查)报告材料的选择,要注意如下几点:

(1)运用典型材料说明观点。典型材料是最具代表性的材料,它显示着事物和现象的某些本质特征,有着"以一当十"的力量。

(2)运用综合材料说明观点。将一组有可比性的材料进行对比(今昔、成败、好坏、新旧、内外、先进与落后、正确与错误等),能使观点更加鲜明突出,增加说服力。

(3)用精确的统计数据说明观点。统计数据具有很强的概括力和表现力,恰当地加以运用,可以增强社会实践(调查)报告的科学性、准确性和说服力。

3. 社会实践(调查)报告材料的分析

社会实践(调查)报告材料分析的最基本方法是定性分析和定量分析。

1)社会实践(调查)报告材料的定性分析

定性分析的根本方法是哲学方法,即揭示事物发展的一般规律的方法。社会实践(调查)报告材料的定性分析的方法很多,下面主要介绍3种常用的方法。

(1)矛盾分析法。矛盾分析法,是指运用唯物辩证法对立统一的原理,具体分析事物内部矛盾及其运动状况,从而认识客观事物的方法。其具体做法分3个步骤:

(a)从调查所得的大量材料中找到事物的矛盾，即找到问题。因为问题即是应该消除或缩小的差距，差距就是矛盾。

(b)对事物存在的矛盾进行分类，类别有：①历史遗留——现实产生的矛盾；②客观存在——主观思想的矛盾；③自然条件——人为造成的矛盾；④局部——全局的矛盾；⑤根本——枝节的矛盾；⑥眼前——长远的矛盾。

(c)分析矛盾的对立面，考察矛盾的主要方面与矛盾其他方面互相依存、斗争、转化的条件，从而把握矛盾的特性。

(2)比较分析法。社会实践(调查)报告常用的比较方法有横向比较和纵向比较。常用的具体分类方法如下：首先进行比较，弄清事物的异同，根据共同点将事物归集为一大类，然后再根据差异将大类划分为几个小类，以此类推，事物就被区分为具有一定从属关系的、不同层次的大小类别，明确地反映出客观事物之间的区别和联系。

(3)因素分析法。因素分析法是指从社会实践(调查)报告材料中寻找出对事物产生、发展、运动起作用的要素，通过系统分析和科学的归纳，探寻到对事物变化起着关键作用的要素系列，掌握决定事物变化的原因，从而了解事物的本质及其运动规律的方法。运用因素分析法时，首先应进行总体分析。

第一步是把蕴藏在现象之中的各个方面的基本因素清理出来，并在初步分析的基础上，将它们按一定的标准组成一个有机的多层面的网络结构。

(a)找出影响事物变化的种种因素中的外因(客观因素)和内因(主观因素)。

(b)在内外因素的层面下，从不同角度找出：主要因素和次要因素、积极因素和消极因素、一般因素和特殊因素、直接因素和间接因素、必然因素和偶然因素、历史因素和现实因素、起始因素和终极因素、潜在因素和诱发因素，以及阶级因素、经济因素、社会因素、学校因素(或工作单位因素)、家庭因素、个人因素等。各个系列因素有可能相互交织，错综复杂，显现出一种网络状态。

第二步就是通过对这一网络的分析，从总体上考察研究对象，分析出现某一社会现象的综合原因。具体步骤如下：

(a)要实事求是地把握诸因素的内部联系，把握其特征和转化规律，对事物的总体进行多维的、系统的，内因与外因、宏观与微观相结合的辩证的分析。

(b)进行关系分析。即对因素与因素之间的各种关系进行分析。要着重分析因素之间的因果关系、功能关系、转化关系、共因关系。共因往往是事物存在或变化的最根本的原因,如诸多腐败现象的产生,其共因是私欲恶性膨胀,再进一步深究,就可找出其根本原因是权力作祟,从而找到问题的关键,抓住了事物的本质。

(c)进行因素树分析。即以某一种关键性的因素系列为主要分析目标,予以系统的多层次的剖析,按因素之间的联系绘出因素树图,然后逐层深入,直至找出最基础的原始性要点,即具体行为表现。

2)社会实践(调查)报告材料的定量分析

定性、定量相结合的分析方法是目前调查研究中越来越普遍采用的方法。定量分析的基本方法主要有以下几种。

(1)统计分析法。统计分析法是指运用统计学的原理,对社会实践(调查)报告所得的数据资料进行综合处理,分析现象在一定时间、地点、条件下的数量关系,以揭示事物的性质、特点及其变化规律的过程和方法。统计分析法包括描述分析和统计推论两个部分。

(a)描述分析,是把收集到的数据整理加工,找出其中的规律以及现象之间的关系,并用统计量对这些资料进行描述。它主要包括编制次数分布表、绘制次数分布曲线、测绘现象的集中趋势和离散趋势以及现象之间的相关关系等。

(b)统计推论,是指在随机抽样调查的基础上,根据样本资料对全体进行推论。它常用的方法有两种:区间估计和统计假设检验。

(2)社会测量法。社会测量法即通过测量评定某一社会群体或团体中社会关系或社会意向的一种方法。社会测量法分社会关系测量法和社会意向测量法两种具体方法。社会关系测量法较为常用,是指将所研究的某一社会团体内部成员相互吸引或排斥的关系状态数量化,从而分析其人际关系的一种方法。运用此法可分 5 个步骤。

第一,确定选择标准。有 6 种类型:①工作标准,以测量工作团体内部的关系;②娱乐标准,以测量娱乐群体内部的关系;③社交标准,以测量社交群体内部的关系;④生活标准,以测量生活团体内部的关系;⑤学习标准,以测量学习团体内部的关系;⑥服从标准,以测量被领导与领导之间的关系。

第二,选择指示项。一个标准可以拟出多个指示项。如服从标准可拟出:你认为本单位谁当领导最合适、谁威信最高、你最不服谁的领导等指示项。

第三,制作测试答卷。包括给出选择标准,限定选择数目,交代测试目的、选择范围(团体之内),说明对测量结果保密等。

第四,填答试卷。当面填写,当场收回。

第五,对试卷进行整理分析。

三、社会实践(调查)报告格式

社会实践(调查)报告的结构一般分为 4 个部分:题目、前言、正文、结语,有的还有附录。

1. 社会实践(调查)报告——题目

社会实践(调查)报告题目可分为两类:

(1)单行标题。只有一个正标题,直接写明调查的事项、对象、范围。如《关于中国地质大学(武汉)青年教师的科研状况的调查与思考》。

(2)双行标题。正标题下加一个副标题,正标题概括文章的主要内容、主题思想,副标题补充说明调查对象和调查内容。如《新时代大学生的国家认同——以中国地质大学(武汉)为例》。

2. 社会实践(调查)报告——前言

社会实践(调查)报告的前言一般包括 3 点内容:①调查研究的缘由和目的——调查什么、解决什么问题;②调查对象、范围;③调查的经过——时间、地点、过程及调查方法。

3. 社会实践(调查)报告——正文

正文是社会实践(调查)报告分析问题、解决问题的部分,包括两个部分的内容:一是对调查对象进行叙述,真实准确地列举调查所得的确凿事实、典型事例和具体数据;二是进行分析论证,对资料进行客观的定性与定量分析,把它上升到理论,提出自己的新观点,或证实一种观点,或推翻一种观点。这部分的写作既要防止单纯罗列材料,也要防止过多地议论和说理。社会实践(调查)报告的正文部分常见的结构方式有 4 种:

(1)纵式结构。即根据事物发展的始末顺序或脉络、材料的内部逻辑关系叙述事实,由事入理,分析研究,最后推导出结论。这种结构的各部分之间前后顺序不能颠倒,否则将会眉目不清、条理紊乱。

(2)横式结构。即根据材料的性质,将其概括为若干平列的几个部分,分别加以说明和阐述，从不同方面集中揭示主题。

(3)对比式结构。这是一种特殊的横向结构，适合于对先进与后进、正确与错误的两件事物相互比较，明确肯定什么，否定什么。

(4)纵横交叉式结构。就是将纵、横两种结构结合起来使用。如以纵为主或以横为主，或纵横交错，以便灵活透彻地说明问题。

4. 社会实践(调查)报告——结语

社会实践(调查)报告的结语，可长、可短、可无，其内容有时是总括全文，深化主题；有时是交代社会实践(调查)报告中未能解决而又须引起注意的问题；有时提出继续调查的希望和建议。总之，应视其具体情况而定。

5. 社会实践(调查)报告——附录

社会实践(调查)报告可以加上附录部分。内容包括：部分原始资料、少数典型个案资料、调查统计图表的诠释和说明、正文中有关材料的出处、参考文献、旁证材料，以及其他必须说明的问题或情况。

四、社会实践(调查)报告撰写的注意事项

(1)认真调查，收集有关资料，注意材料的准确性、典型性。

(2)整理分析通过调查得到的材料，进行分类、鉴别、筛选，去粗存精，去伪存真。

(3)确立自己的观点看法，但必须在尊重事实的基础上进行理性判断。

(4)实事求是，不夸张，不隐瞒实情，如实将调查到的情况写出来，注意突出重点，不必面面俱到。

(5)重点在于客观分析，在掌握事实的基础上，透过现象揭示本质和规律。

(6)讲求实效，贵在及时。

第四节　实践报告的格式规范

一、封面

采用统一的封面格式，具体见附录2(中国地质大学(武汉)思想政治教育(红

安）实习实训基地社会实践（调查）报告）。

二、目录

目录编排内容按三级标题编写（即：第一章、一、（一）），要求目录中标题应与正文中标题一致，采用小四号宋体，1.25 倍行间距，页码编排从正文开始。标题应简短、明确、有概括性。标题字数要适当，不超过 20 字。

三、正文

章节标题：三号字体，加粗，居中。

一级标题：小三号字体，加粗，首行空 2 格。

二级标题：小四号字体，加粗，首行空 2 格。

正文部分：五号宋体，首行空 2 格，1.25 倍行间距。

页码：五号宋体，居中。

四、参考文献

根据实习实训报告实际参考的文献资料在报告末尾列出，所列参考文献应按报告参考或引证的先后顺序排列。著录格式采用科技文献的一般常用格式。

1. 科技书籍和专著著录格式

作者、书名、版本（版本为第一版时可省略）、出版地、出版社、出版日期、引用内容所在页码，如：

[1] 高景德，王祥珩，李发海. 交流电机及其系统的分析[M]. 北京：清华大学出版社，1993：120～125.

[2] Tugomir Surina, Clyde Herrick. Semiconductor Electronics. Copyright 1964 by Holt[M]. Rinehart and Winston, Inc. , 120-250.

2. 科技论文的著录格式

作者、论文篇名、刊物名、出版年、卷（期）号、论文在刊物中的页码，如：

[1] 李永东. PWM 供电的异步电机电压定向矢量控制[J]. 电气传动，1991，4(1)：52～56.

[2] Colby R S. A State Analysis of LCI fed Synchronous Motor Drive System[J]. IEEE Trans, 1984, 21(4)：6-8.

3. 参考文献标题格式

黑体四号加粗顶左，1.25 倍行间距，段前、段后各空 1 行。

4. 参考文献内容格式

宋体小四，行距 16 磅，段前、段后空 0 行，与正文连续编排页码。

五、附录部分

单独设页。

标题要求同各章标题。

正文部分：五号宋体（英文用 Times New Roman 体，小四号），两端对齐书写，段落首行左缩进 2 个汉字符。行距 20 磅（段落中有数学表达式时，可根据表达需要设置该段的行距），段前空 0 行，段后空 0 行，与正文连续编排页码。

六、致谢部分

单独设页。

标题：黑体三号加粗居中，单倍行距，段前、段后各空 1 行。

正文部分：仿宋小四，行距 20 磅，段前、段后空 0 行，与正文连续编排页码。

七、插图及表格

编号：采用如图 1.1-1 的形式，其中，1.1 代表第一章第一节，-1 代表第一幅图。表 3.2-2 表示第三章第二节的第二个表格。图表编号各成体系，图名在下，表名在上。图名和表名采用五号黑体，表内文字采用小五号宋体。

第八章 思想政治教育实践教学的评价

红安基地思想政治教育实践教学评价，从本质上来说，是指对红安基地思想政治教育实践教学价值的评判，即根据实践教学的目标，运用科学的技术和有效的方法，对参与红安基地思想政治教育实践教学的教师和学生，以及实践教学的目标、内容、载体、方法、效果等方面做出客观的价值判断的活动。在红安基地思想政治教育实践教学评价的实践中，必须根据具体的评价目的和特定的评价对象，构建相应的评价标准体系，选择相适应的评价方法来实施。

第一节 实践教学评价的目的和意义

构建科学合理的评价体系，主要目的是为了更好地对红安基地思想政治教育实践教学状况进行科学合理的评价，并在总结经验的基础上，进一步提升红安基地思想政治教育实践教学效果。因此，构建红安基地思想政治教育实践教学评价体系，无论是对红安基地思想政治教育实践教学评价本身，还是对完善红安基地思想政治教育实践教学理论和实践，都有重要的意义。

(1)有利于更加科学合理地评价红安基地思想政治教育实践教学。实践教学是思想政治教育专业人才培养的重要环节。中国地质大学(武汉)马克思主义学院历来重视学生的实践教学，充分肯定实践教学对人才培养和学科建设的价值，并全力从政策、资金等方面支持红安基地建设和依托红安基地的社会实践教学。尽管如此，但红安基地究竟在人才培养和学科建设中发挥怎样的价值，需要一个客观、科学的评价。构建实践教学评价体系，就是要运用评价的基本原理、技术与方法，对实践教学的价值进行科学的揭示，做出合乎事实的判断和结论，并使它得到公正的评价与承认，无疑意义重大。

(2)有利于增强红安基地思想政治教育实践教学效果。实践教学评价不仅为红安基地思想政治教育实践教学目标的确立、内容的确定、方法的选择提供了客观的依据，而且评价得出的结论，经上级有关主管职能部门或领导机关采取相应的措施得到体现，可以形成实践教学发展的外在推动力。同时，评价活动对承担实践教学的教师的价值判断和价值倾向也产生了影响，如进一步了解在红安基地的实践教学方面，有哪些成功的经验值得总结，存在哪些问题或缺陷需要改正或改进，哪些问题是学生比较关注甚至是敏感的，学生对哪些问题比较淡漠，从而分析原因，思考对策。另外，肯定实践教学好的经验、做法，能够有效地巩固、拓展、深化实践教学成果，对那些否定性的评价，即在实践教学中所出现的失误和教训，也能够在一定程度上有效克服教育的不良后果，促进反思，达到长善救失的效果。

第二节　实践教学的原则与方法

教学评价，本质上是评价者运用一定的标准对实践教学的主客体进行价值评判的过程。为了使评价结果更具客观性，在评价的过程中应该遵循如下原则与方法。

一、实践教学评价的原则

1. 自我评价与他人评价相结合的原则

自我评价是评价者对自己所作的评价。从教育者的角度而言，自我评价既包括团体评价（如马克思主义学院、思想政治系），也包括个体评价（如带队老师）；从受教育者的角度而言，自我评价主要是指学生个体的自我评价。自我评价比较简便易行，不受时间和场合的限制，有利于发挥评价对象的主体作用，但由于缺少外界参照物，不易于进行横向比较，客观性较差。为了客观、公正地对评价对象做出实事求是的评价，还必须参考他人评价，比如其他兄弟院校、社会、媒体的评价。只有把自我评价与他人评价相结合，才能达到既客观又公正地评价的目的。

2. 阶段性评价与终结性评价相结合

阶段性评价是指对评价对象在某一具体时间段在实践教学的状况进行评价，其功能主要是对某一阶段的实践教学状况进行及时反馈。终结性评价是指为了给实践教学一个评价结论而做出区分优劣、评定等级的评价。阶段性评价能够及时对评价对象的表现做出判断，有利于及时发现问题，纠正偏差，但阶段性评价只能反映短期内实践教学的表现，不易于分析评价对象的发展趋势。对实践教学进行评价，既要进行阶段性评价，及早发现问题，又要进行终结性评价，给评价对象一个客观的评价结果，从而扬长避短，取得最佳效果。

3. 普遍性评价与特殊性评价相结合的原则

普遍性评价是指对实践教学各评价对象进行评价时，必须采用统一的、普遍的标准，做出好坏、优劣的判断，查找不足，向好的、优的看齐。但是评价对象之间存在着个体差异，如学生接受能力水平的高低、个性的差别、分别承担的实践任务不同等，导致学生与学生之间存在较大差异。因此，在对教师和学生进行评价时，要将普遍性要求与特殊性表现相结合。

4. 动态评价与静态评价相结合的原则

实践教学本身是一个不断发展的过程，教师和学生的思想认识也是不断发展的、变化的，因此对实践教学的评价应先进行动态评价。同时，实践教学也存在着暂时稳定的状态，需要对其在某一时期内相对稳定的现实表现，已达到的水平或已具备的条件，做出客观的评价。只有将动态评价与静态评价相结合，才能达到既考察实践教学是否符合教学规律，又考察实践教学在某一阶段所取得的现实效果的目的。

5. 定性评价与定量评价相结合的原则

定性评价与定量评价是以评价对象的质与量的规定性为客观依据对评价对象做出评价的两种方式。对实践教学进行定性评价，就是通过对实践教学的过程、结果、内容、效果等方面从性质的角度进行描述、分析与结合，从而做出定性结论的评价。如实践教学内容设置是否合理、方向正确与否、是正效果还是负效果、学生接受实践教学是积极状态还是消极状态、是主动还是被动等，都要用定性评价的方法进行评价。定性评价往往采用等级鉴定、评语鉴定等具体方法，但这种评价方法只能对实践教学状况做出大致的、原则性的、粗略的、趋向性的判断，它侧重于质的方面，主要依靠人们的认识、经验和主观判断，因而带有一定的主观性和片面性。为了客观地对评价对象做出判断，还必须运用定量评价方法，将定性评价与定量评价相结合。

二、实践教学评价的一般方法

科学有效的评价方法，是完成评价任务，实现评价目的的手段和途径。对实践教学进行评价，可用的方法主要有问卷调查法、访谈法、观察法等。

1. 问卷调查法

问卷调查法是指评价者将所要调查的项目和所关注的问题精心设计并制作成问卷，然后向评价对象发放问卷，在评价对象完成问卷后集中回收问卷，并通过对问卷的整理分析，从中获取评价对象有关信息的方法。问卷调查法的关键在于科学、合理地设计问卷，要做到重点突出、结构合理、问题明确、题量适当，便于信息处理。问卷的设计要达到既考察评价对象的主观情况，也考察客观环境的目的。在对实践教学进行评价时，既可向指导老师也可向学生发放问卷，了解他们对实践教学的态度、动机、观点。问卷中的项目或问题的设计应该包括客观题型和主观题型，或封闭式题型和开放式题型，使评价对象既能沿着评价者的思维去完成评价者所关注的问题，又能提出评价者思维以外的新的问题或观点，从而能够做到更加全面、更加客观地反映评价对象。

2. 访谈法

访谈法是指评价者通过与评价对象交谈而获取有关信息的方法。访谈可以是面谈，也可以是书面交流，还可以是网上交流。访谈法绝不是信口开河，评价者在与评价对象交谈之前，心中必须做好访谈设计，如访谈对象的选择、访谈的时间、访谈的地点、访谈的内容等，要做到有的放矢。访谈的最佳形式是面谈，面谈容易进行观察，也容易建立评价者与评价对象之间融洽的关系，易于调节交谈气氛，消除评价对象的疑虑，反映真实想法。但访谈法会因为评价者与评价对象地位的不平等而阻碍评价对象真实想法的表达，因此，在对实践教学进行评价时，为了解更多评价对象的个人信息，不宜大面积地使用访谈法。

3. 观察法

观察法是指评价者对评价对象在自然状态和特定状态下的行为表现进行考察分析，从而获取评价对象有关信息的方法。通过这种方法所获取的信息非常直接、真实，不需任何中间环节，但通过观察所获取的信息必须经过整理和分析才能成为可以运用的资料。如对实践教学的效果进行评价，则可以通过观察学生在实践过程中自然而然流露、表达出的思想和行为反应，对他们接受实践教学的效果做出较为客观的判断。

第三节　实践教学评价的主要内容和指标

实践教学评价是对实践教学活动进行的价值评判，反映了实践教学活动的各个要素在教学活动中所起到的作用。一般来说，这种作用有 3 种：一是积极的、科学的正效益；二是消极的、有害的负效益；三是没有起作用的零效益。实践教学评价也需要从教学诸要素的各个方面进行。

一、对指导老师的评价

指导老师是实践教学的实施者，也是实践教学顺利展开的必要条件。对指导老师的评价，主要看其政治素质是否过硬，是否关爱学生，教育态度是否认真，是否热爱教育工作，是否具有强烈的事业心和责任感。具体评价指标如下。

1. 对学生的态度

(1)全程陪同，关心学生生活(5%)。

(2)过程管理严格，及时处理各种问题(5%)。

2. 教学态度

(1)备课充分，指导细心(20%)。

(2)作业布置及指导认真负责(20%)。

(3)报告撰写指导认真负责(40%)。

3. 教学方法和手段

(1)教学方法灵活多样(5%)。

(2)教学手段丰富多彩(5%)。

二、对学生的评价

学生是实践教学的参与者，也是实践教学的学习主体。对学生进行评价，主要考核以下维度：遵守实践教学的纪律(10%)、实践日志(20%)、课程作业(20%)、实践报告(50%)。实践活动的总成绩评定按优秀、良好、中等、及格、不及格五级分制，百分制中的分数段为“90～100”“80～89”“70～79”“60～69”“60分以下”分别与五级分制中的“优秀”“良好”“中等”“及格”和“不及格”相对应。

1. 实践纪律(10 分)

(1)遵守住宿管理制度(2 分)。

(2)无迟到、早退、缺勤(5 分)。

(3)服从安排(3 分)。

2. 实践日志(20 分)

(1)篇数(5 分)。

(2)认真态度(5 分)。

(3)内容写作的质量(10 分)。

3. 课程作业(20 分)

(1)篇数(5 分)。

(2)内容写作的质量(15 分)。

4. 实践报告(50 分)

(1)优秀(40～50 分)。选题有价值;观点正确,内容完整,文字条理清楚;报告格式规范,质量高;分析论证可靠、严密,结论合理;对策建议对社会发展、经济建设具有指导意义。

(2)良好(30～40 分)。选题有价值;观点正确,内容完整,文字条理清楚;分析论证基本正确,结论合理;报告格式符合规范,质量较高;对策建议对社会发展、经济建设有一定的指导意义。

(3)中等(20～30 分)。选题有价值;内容基本完整,论证无原则性错误,结论基本合理;报告基本符合规范。

(4)及格(10～20 分)。选题有价值;报告质量一般,存在个别性错误;报告基本符合规范。

(5)不及格(0～10 分)。有原则性错误;报告质量较差或有抄袭现象;与本专业实践教学培养目标无关的选题,报告内容观点错误。

三、对教学内容的评价

教学内容是实习实训目的实现的重要保证,也是实习实训教学顺利展开的依据。科学地对实习实训的教学内容进行评价,并在此基础上对实践教学内容进行适时调整和修改,有助于实践教学效果的提升。对实践教学内容的评价,主要从如下方面展开。

1. 教学模块的科学性

(1)满足思想政治教育专业发展和社会需要(10%)。

(2)充分结合红安县地方资源和思想政治教育专业特色(10%)。
(3)教学内容充实、丰富,可操作性强(10%)。

2. 基本能力和素养的提升

(1)培养职业道德和职业素养(10%)。
(2)提升专业知识运用能力(20%)。
(3)增强分析、解决实际问题能力(20%)。
(4)增强沟通、协调等人际交往能力(10%)。
(5)增强应用写作和科学研究能力(10%)。

四、对教学管理的评价

1. 学院领导层实践意识

(1)重视实践教学活动及教学效果(25%)。
(2)重视实践教学资金投入(25%)。

2. 实践教学管理机制建设

(1)实践教学基地管理机制建设(25%)。
(2)实践教学管理制度建设(25%)。

五、对教学效果的评价

1. 实践报告的质量

(1)选题有价值(10%)。
(2)观点正确,格式规范(10%)。
(3)分析论证可靠、严密,结论合理(10%)。
(4)对策建议对社会发展、经济建设具有指导意义(10%)。

2. 实践教学目标的达成

(1)培养职业道德和职业素养(10%)。
(2)提升专业知识运用能力(15%)。
(3)增强分析、解决实际问题的能力(15%)。
(4)增强沟通、协调等人际交往能力(10%)。
(5)增强应用文写作和科学研究能力(10%)。

红安基地实践教学评价体系表见表 8-1。

表 8-1　红安基地实践教学评价体系

一级指标	二级指标	评价要素与标准	评价方法及评分依据
教学目的	指导思想	实践教学指导思想明确，以《马克思主义理论类本科专业教学质量国家标准》《中国地质大学（武汉）马克思主义学院思想政治教育专业培养方案》《中国地质大学（武汉）马克思主义学院思想政治教育专业实践教学方案》为指导，以人才培养方案为总体要求，以社会需求为导向，以培养学生理论联系实际、求实创新为主线，整合各实践教学环节，积极建设实践教学体系	听取实践教学汇报，查看相关材料
	建设定位	实践教学建设定位明确，与专业人才培养目标吻合，可操作性强，能满足专业发展和社会需求，列入教学计划的教学各实践环节的学时及学分	听取实践教学汇报，查看相关材料
教学内容	实践教学模块	教学内容充实、丰富，可操作性强；满足思想政治教育专业发展和社会需要；充分结合红安县地方资源和思想政治教育专业特色	听取实践教学汇报，查看相关材料
	基本技能及素质训练	培养职业道德和职业素养，提升专业知识运用能力，增强分析、解决实际问题能力，增强沟通、协调等人际交往能力，增强应用文写作和科学研究能力	
教学管理机制	学院领导层的实践意识	重视实践教学活动及教学效果，重视实践教学资金投入	听取实践教学汇报，查看相关材料
	独立实践教学管理机制建设	实践教学基地建设、实践教学管理制度建设	
教学效果	实践报告的质量	选题有价值；观点正确，格式规范；分析论证可靠、严密，结论合理；对策建议对社会发展、经济建设具有指导意义	听取实践教学汇报，查看相关材料
	实践教学目标的达成	培养职业道德和职业素养，提升专业知识运用能力，增强分析、解决实际问题的能力，增强沟通、协调等人际交往能力，增强应用文写作和科学研究能力	

主要参考文献

郭家齐.红安县革命史[M].武汉:武汉大学出版社,1987.

郭家齐.将星灿烂——红安籍将领征战风云录[M].武汉:长江出版传媒,湖北人民出版社,2017.

郭家齐.人杰地灵——红安名人与大事聚焦[M].武汉:湖北人民出版社,2017.

红安县革命史编写领导小组办公室.红安革命歌谣[M].武汉:武汉大学出版社,1986.

侯平.社会实践(调查)报告写作刍议[J].中共成都市委党校学报,1999(5):81-83.

桑俊.红安革命歌谣研究[M].武汉:华中师范大学出版社,2009.

少华.红四方面军[M].长沙:湖南人民出版社,2016.

夏红胜,黄解林.红色记忆——七里坪[M].武汉:华中师范大学出版社,2011.

叶重豪.红安将军故事[M].北京:文化艺术出版社,2006.

张莉.湖北红安七里坪古镇研究[D].武汉:武汉理工大学,2005.

章明,黄金华.红色旅游建筑设计浅析:以七里坪镇革命遗址配套设施建设为例[J].建林装饰,2017(39):94-95.

中国工农红军第二十五军战史编审委员会.中国工农红军第二十五军战史[M].北京:解放军出版社,1990.

中国人民解放军历史资料丛书编审委员会.南方三年游击战争——鄂豫皖边游击区[M].北京:解放军出版社,1994.

周少怀.红安开国将军[M].武汉:长江出版传媒,湖北人民出版社,2007.

周怡.浅谈革命纪念馆展陈工作升级——以红安七里坪革命旧址群为例 [J].遗产保护与研究,2018(9):106-109.

朱桂莲.爱国主义教育研究[M].北京:中国社会科学出版社,2008.

朱桂莲.新时期我国中小学生爱国主义教育创新研究[M].武汉:武汉大学出版社,2016.

祝正顶.岁且虽短 风范长存—鄂豫皖苏维埃银行货币政策初探[J].武汉金融,2006(10):55-56.

邹荣.鄂豫皖苏区统一进程研究[J].赣南师范学院学报,2015(2):33-41.

附录

附录一

中国地质大学(武汉)
思想政治教育(红安)实习实训基地专业实习报告

________________专业 ________________班

学生学号：____________________________

学生姓名：____________________________

带队老师：____________________________

起止日期：　　年　　月　　日至　　年　　月　　日

注意事项

一、此报告为思想政治教育专业红安基地专业实习教学专用

二、实习报告内容要求按以下5项撰写

1. 目录　　2. 前言　　3. 专业实习过程　　4. 结语　　5. 参考文献

三、实习报告书写要求

1. 报告应不少于1.5万字。

2. 格式规范，图表清晰。

四、实习成绩评定细则

1. 应根据学生实习任务完成情况、实习纪律、实习日志、课程作业、实习报告等综合评定。

2. 各项成绩在总成绩中所占比例，参照“实习总成绩评定表”规定的比例执行。

3. 各项成绩均以百分制计算，然后按五级分析算(优秀：100～90分；良好：89～80分；中等：79～70分；及格：69～60分；不及格：60分以下)。

4. 实习总成绩评定表。

评定内容	实习纪律	实习日志	课程作业	实习报告	综合成绩评定
得分指标	有无迟到、缺勤、违纪等；是否服从管理安排	篇数是否完整；态度是否认真；内容写作的质量	篇数是否完成；作业完成的质量	报告是否全面；格式是否规范；观点、结论是否合理；对策建议是否有指导意义	
百分比(%)	10	20	20	50	
每项得分					

* 有严重违纪或抄袭他人实习报告者，实习成绩以不及格论处。

指导老师签名：

年　　月　　日

附录二

中国地质大学（武汉）
思想政治教育（红安）实习实训基地社会实践（调查）报告

________________专业 ________________班

学生学号：________________________________

学生姓名：________________________________

带队老师：________________________________

起止日期：　　　年　　月　　日至　　　年　　月　　日

注意事项

一、此报告为思想政治教育专业红安基地社会实践(调查)教学专用

二、调查报告内容要求按以下5项撰写

1.目录　　2.前言　　3.社会调查正文　　4.结语　　5.参考文献

三、调查报告书写要求

1.报告应不少于8000字。

2.格式规范,图表清晰。

四、社会调查成绩评定细则

1.应根据学生社会调查任务完成情况、社会调查纪律、社会调查日志、社会调查报告等综合评定。

2.各项成绩在总成绩中所占比例,参照"社会调查总成绩评定表"规定的比例执行。

3.各项成绩均以百分制计算,然后按五级分析算(优秀:100～90分;良好:89～80分;中等:79～70分;及格:69～60分;不及格:60分以下)。

4.社会调查总成绩评定表。

评定内容	社会调查纪律	社会调查日志	社会调查报告	综合成绩评定
得分指标	有无全程参与社会调查等;是否服从管理安排	篇数是否完整;态度是否认真;内容写作的质量	报告选题是否有价值;格式是否规范;观点、结论是否合理;对策建议是否有指导意义	
百分比(%)	10	30	60	
每项得分				

* 有严重违纪或抄袭他人社会调查报告者,社会调查成绩以不及格论处。

指导老师签名:

年　　月　　日

附录三

红安基地实践教学活动

《红星照耀中国》场馆现场教学

“星火燎原”团队采访现场

参观黄麻起义和鄂豫皖苏区革命烈士陵园

基地内教学现场

参观《红星照耀中国》大型图片展

电视台采访基地教学现场

社会调查教学现场

参观李先念纪念馆

领导视察教学基地

基地内教学现场

社会调查问卷发放现场

七里坪长胜街教学现场

图书在版编目(CIP)数据

思想政治教育实践教学教程/朱桂莲,何英,严世雄主编.—武汉:中国地质大学出版社,2019.8

ISBN 978-7-5625-4609-2

Ⅰ.①思…

Ⅱ.①朱… ②何… ③严…

Ⅲ.①高等学校-思想政治教育-教学研究-中国

Ⅳ.①G641

中国版本图书馆CIP数据核字(2019)第165343号

思想政治教育实践教学教程 朱桂莲 何英 严世雄 **主编**

责任编辑:彭 琳 责任校对:徐蕾蕾

出版发行:中国地质大学出版社(武汉市洪山区鲁磨路388号) 邮编:430074

电 话:(027)67883511 传真:(027)67883580 E-mail:cbb@cug.edu.cn

经 销:全国新华书店 http://cugp.cug.edu.cn

开本:787毫米×960毫米 1/16 字数:230千字 印张:9

版次:2019年8月第1版 印次:2019年8月第1次印刷

印刷:武汉中远印务有限公司

ISBN 978-7-5625-4609-2 定价:58.00元